Eurus

Notus

小坂国継

Kunitsugu Kosaka

西田幾多郎の哲学

――物の真実に行く道

Boreas

Zephyrus

岩波新書
1929

はじめに

西田幾多郎は一八七〇年五月十九日(明治三年四月十九日)に出生し、一九四五(昭和二十)年六月七日に死去している。彼の学界へのデビュー作である「グリーン氏倫理哲学の大意」は一八九五年に書かれ、最後の完成論文「場所的論理と宗教的世界観」(遺稿)は一九四五年四月に脱稿された。また彼が亡くなったときには、机上に「私の論理について」(絶筆)と題する数枚の原稿が遺されていた。したがって西田の思索生活は丸《まる》五十年に及んでいる。この半世紀にもわたる長い期間に西田の思想は、あるときは徐々に、またあるときは急激に、変化していった。

こうした思想の展開の過程は、「純粋経験」「自覚」「絶対無の場所」「絶対矛盾的自己同一」の四つの時期に区分することができるだろう。けれどもそうした思想形成において一貫して変化していない要素がある。この点について、西田自身は「自分の今の思想は『善の研究』の時のそれと少しも変わっていない」(高橋里美「西田幾多郎先生の言葉」)といい、また『善の研究』の「版を新にするに当って」(一九三六年)においても「此書に於て直接経験の世界とか純粋経験の世界とか云ったものは、今は歴史的実在の世界と考える様になった。行為的直観の世界、ポイエシスの世界こそ真に純粋経験の世界であるのである」と語っている。

では西田哲学のすべての時期に一貫している思想あるいは基本的な物の考え方というのは、いったいどのようなものであるだろうか。その性格や特質のいくつかを前もって示しておくのが、とかく難解であるといわれる西田哲学を理解する一助となるだろう。

そこで、最初に西田哲学の根本性格をいくつか簡潔に示しておきたい。

第一に指摘しておかなければならないのは、西田哲学は、一言でいえば真正の自己の探究であるということである。本来の自己とはいったい何であるのか、あるいは自己の根底や在処《ありか》は何であるのか、そのことの解明が西田哲学の根本課題である。こうした問題意識は西田の生涯において変わることはなかった。そしてこの点では、西田哲学は己事究明《こじきゅうめい》を標語とする禅の精神と一致している。「純粋経験」といい、「自覚」といい、「絶対無の場所」といい、「絶対矛盾的自己同一」といっても、それはまったく別個のものをいっているのではなく、いずれも真正の自己をあらわす用語であり、また自己というものの根本的性格を表現する言葉なのである。

第二に、そうした真正の自己は、主観と客観が分離する以前の、あるいは（そうした分離を）超越した根源的実在であると考えられている。たとえば純粋経験とは、主観と客観が相没し、物と我が相忘れているような統一的な意識現象あるいは意識の連続的状態のことであって、そのようなものとして純粋経験はけっして実体的なものではなく、純粋な作用であると考えられている。またそうした純粋経験の理想的な、あるいは究極的な段階が芸術家の神来(インスピレーション)や宗教家の三昧(サマーディ)の境位にもとめられている。

ここには、主観と客観、精神と物体、意識と対象といった二項的対立を超越した無差別的な立場からいっさいのものを見、いっさいのものを考えていこうとする鞏固《きょうこ》な思考様式がみとめられる。こうした性格は、のちに示すように、前期の「自覚」の立場においても、また中期の「絶対無の場所」の思想においても、さらには後期の「絶対矛盾的自己同一」の論理においても共通してみとめられる。

第三に、こうした無差別的な思考様式は、個物と一般者の関係についての見解にも見られる。西田哲学においては、個と普遍、個物と全体はけっして相互に対立するものではなく、両者は相即相入の関係にあると考えられている。個物は普遍の顕現あるいは現成《げんじょう》であり、普遍は個物の根底あるいは在処である。西田はよく「一般者の自己限定」とか、「絶対無の自覚的限定」とかいった言葉を使用するが、それらはいずれも個物を普遍のあらわれとして表現しようとするものである。そしてこうした考え方は、ヘーゲルの「具体的普遍」(konkrete Allgemeine)の思想に類似している。西田自身は、ヘーゲルの弁証法的思考とともに、この具体的普遍の思想を自分の考えにもっとも近いと考え、この点で、ヘーゲルを高く評価していた。その一端は、「私の立場から見たヘーゲルの弁証法」(一九三一年)に見られる。

また西田は、個物と一般者は相互に包み・包まれる関係にあるものと考えている。一般者が個物を包むだけでなく、個物のなかに一般者が包まれる。一般者のなかに個物が映されているだけでなく、同時に個物のなかに一般者が映される。それはあたかもライプニッツのモナドが、宇宙の構成要素であるとともに、宇宙全体を映す小宇宙(ミクロコスモス)であると考えられているのと似ている。またこの点で、『華厳経』の事事無礙《じじむげ》の思想とも共通している。

それはともかく、西田の思想は普遍主義であるとともに個体主義でもある。それは後期における「一即多・多即一」の考えに典型的に見られるといえるだろう。西田は、一方ではヘーゲルの「具体的普遍」の思想に惹かれると同時に、他方ではライプニッツのモナドロジーの思想にも惹かれた。晩年、西田は自分の思想を「創造的モナドロジー」だといっている。

第四に、西田哲学は超越的世界の存在を否定する。したがってまた西洋の伝統的な形而上学を否定する。この点では西田哲学は一種の実証主義の立場に立っているといえるだろう。実際、西田自身、自分の哲学は「徹底的実証主義」であるといっている。ここで単に実証主義といわずに「徹底的実証主義」というのは、コントなどの実証主義と自分の哲学を区別するためである。西田の考えでは、従来の実証主義は主観と客観の対立を前提した二元論的立場に立つものであるから、それは真に現実をとらえるものではない。それはいわば「感覚的実証主義」とも呼ぶべきものだというのである。それに対して自分の哲学は真実に物に即した哲学であるから「絶対的客観主義」とも呼ぶべきものであるという。それを西田は「徹底的実証主義」と呼んでいるのである。また、この点に関して、三木清が西田哲学を「東洋的現実主義の完成」と評したことはよく知られている。

けれども西田はあらゆる形而上学を否定したわけではない。彼は真実在を、たとえばプラトンのイデアのように、感覚界を超越した永遠不動のものとは考えなかった。そうした超越的な世界は架空の世界であって実在するものではない。真実在は、それとは反対に、自己の内に超越するものである。自己の底の底に見られるものである。それはいわば内在的超越者である。

しかるに自己の内にあるものは対象化することはできない。目に見えるようなものではない。それで西田はそうした実在を、無とか、絶対無とか呼んだ。ここで無というのは、存在しないという意味ではなく、形のあるようなものではないという意味である。

プラトンのイデアが理想的な形相であるとすれば、西田の絶対無はまったくの無相である。

また、プラトン以来の西洋の形而上学が、自然を超越した世界を探究する「自然の形而上学」(metaphysica)であるとすれば、西田の説く形而上学は、さしずめ心の内底に超越した世界を探究する「心の形而上学」(metapsychica)とも呼ぶべきものである。それは外在的超越者の探究ではなく、むしろ内在的超越者の探究である。前述したように、西田哲学においては、そもそも外在的超越者などというものは存在しない。

最後に、西田哲学は一種の唯心論である。この場合、唯心論という言葉は誤解を招きやすいのでとくに注意する必要がある。無論、それは唯物論に対する唯心論ではない。唯物論とか唯心論とかいった対立を超越した唯心論である。西田自身はそれを「絶対的客観主義」といっている。

この場合、客観というのは、通常の意味での客観、すなわち主観に対する客観ではない。そうした二元的対立を超越した意味での客観であり、したがって絶対的客観主義は同時に絶対的主観主義でもある。筆者はそれを「内在的超越主義」として特徴づけてみた。

西田の後期の著作『哲学の根本問題 続編』(一九三四年)のなかで、西田は「科学者は現実を物と見、仏教者は現実を心と見る」といっている。西田の考えも仏教者のそれに近いものであって、現実はわれわれの心のあらわれであると考えられている。すでに『善の研究』において西田は「我々が実在を知るというのは、自己の外の物を知るのではない、自己自身を知るのである」といっている。しかし、その場合の自己とは、それ自身、無となった自己である。絶対無の自覚的自己である。だから西田は、それを「物となって見、物となって行う」立場であり、「物の真実に行く道」であるといっているのである。絶対的主観主義は同時に絶対的客観主義なのである。

以上、一言でもっていえば、西田哲学はあらゆる差別を否定する思想であるといえるだろう。それは仏教思想と同様、いっさいのものの無差別・平等を説く思想である。しかしそのことを理解し会得するにはわれわれの自己の側の自覚が要求される。その意味では、西田哲学は自覚の哲学である。真実の自己に目覚めた立場から叙述された哲学である。そしてこの点では、西田哲学はプロティノスの哲学やスピノザの哲学と共響するところが多い。プロティノスにおける一者の観照、スピノザにおける神に対する知的愛にあたるものが、西田哲学では絶対無の自覚の思想である。

はたして西田のいう「物の真実に行く道」とは、いったいどのような道であるのだろうか。これから、その真相を明らかにしていきたい。

目　次

章扉図版（全七点）　石川県西田幾多郎記念哲学館所蔵

序論
自覚の哲学としての西田哲学

58歳頃の西田幾多郎

本書は、西田哲学の生成と発展の過程を本質的に「自覚」の深化の過程としてとらえようとする試みである。西田哲学の根本的立場としては、通常、「純粋経験」とか、「絶対無」とか、「絶対矛盾的自己同一」とかがあげられるだろうが、そうした思想の根底にあるのは「自覚」の考えであると思う。自覚とは、文字どおり、自己に目覚めることであって、禅仏教でいう「見性《けんしょう》」の観念に近い。見性が宗教的境位をあらわす言葉であるとすれば、自覚はそうした境位の哲学的表現であるといってよい。禅がもっぱら「己事究明《こじきゅうめい》」を企図しているのに対して、西田哲学は一貫して真正の自己の探究を課題としているといえるだろう。たしかに西田哲学は、長年の思索において種々の異なった問題をあつかい、またさまざまな西洋の思想と対決したが、その根幹にはつねに自覚の問題つまりは真実の自己の覚醒という課題があった。「自覚」は西田哲学のあらゆる時期に通底したもっとも重要なテーマであり、西田哲学を理解するキーワードである。

1　直覚的自覚──（自己を）見る

西田は自覚を「自己が自己を見る」ことであると定義している。ときに「自己が自己を写す」とか、「自己が自己を映す」とかいう表現を用いることもあるが、それらは内容的になんら異なったものではない。それは自己が自己自身を直観することであり、直覚することである。そしてこの意味では、西田哲学は直観主義の哲学であるといえるだろう。まさしくそれは真正の自己に目覚めようとする哲学なのである。この点は西田哲学の根本的特質としてつねに銘記しておく必要がある。西田が西洋の哲学者のなかで、プロティノスの哲学にもっとも惹かれたのもこのことと関連があるだろう。西田の立場から見れば、プロティノスの哲学は「一者《ト・ヘン》」の観照（テオリア）を説く哲学であり、それを西田哲学流に表現すると絶対無の自覚の哲学であった。

西田は人間精神の能力をつねに知、情、意の順序で位置づけ、意志を精神の最高の能力と考えていたが、彼はさらに意志より上位にある究極の能力として直観をおいた。西田の最初の著作であり第一の主著でもある『善の研究』（一九一一年）の第一編「純粋経験」では、まず純粋経験を主客未分・知意融合の意識現象と定義したのち、それを「思惟」「意志」「知的直観」の諸段階に分け、最終的に知的直観をもっとも理想的で究極的な純粋経験であると述べて、その真相を明らかにしようとしている。

また中期の著作『一般者の自覚的体系』(一九三〇年)においても、叡智的一般者(超越的なもの)を知的、情的、意的の三段階に分類して、その順序で論じ、さらには意的叡智的一般者である「道徳的自己」が自己矛盾に陥ったその極限に見られるのが「宗教的意識」であると説いて、それを「絶対無の自覚」と呼んでいる。絶対無の自覚とは、自己の根底が絶対無(正確には「絶対無の場所」)であることの自覚であって、「自己が自己を見る」という自覚の形式の究極の形態である。そうして絶対無の自覚の思想は、晩年の「絶対矛盾的自己同一」の立場の時期には「行為的直観」の思想として展開されていった。純粋経験の極致が知的直観であったとすれば、絶対無の自覚的作用の真髄は行為的直観であったといえるだろう。境位的・観想的な直観と実践的・創造的な直観との違いはあっても、それらに共通しているのは「自己が自己を見る」という直観主義の思想である。

西田哲学の展開は、通常、「純粋経験」「自覚」「絶対無の場所」「絶対矛盾的自己同一」の四つの時期に分けられるが、そこに通底しているのは自覚の観念である。純粋経験とは、さしずめ自覚が自覚として自覚される以前の自覚の直接的あるいは直覚的段階であるといえるだろう。「自己が自己を見る」には、「見る自己」と「見られる自己」、「主観としての自己」と「客観としての自己」が区別されなければならないが、そうした区別が生ずる以前の、厳密な統一的意識現象が純粋経験と呼ばれている。それは、見るものもなければ見られるものもない、主観と客観が一体にして不二なる状態である。

西田は純粋経験の極致ともいうべき知的直観を、中期の『一般者の自覚的体系』においては「絶対無の自覚」と呼んでいるが、それは「見るものも見られるものもなく色即是空空即是色の宗教的体験」(④三五七頁。丸数字は『新版 西田幾多郎全集』(全二十四巻、岩波書店、二〇〇二―〇九年)の巻数を示す。表記は現代仮名遣に改めた。以下同)であって、そのようなものとして絶対無の自覚はいっさいの分別的思惟を超越したものである。それはただ体験されるものであって、思惟されるものではない、否むしろ思惟されえないものである。

『善の研究』においても、純粋経験は自得されるべきものであって、認識されるべきものではない、われわれは純粋経験そのものを思惟によってとらえることはできない、思惟された純粋経験というのはいわば純粋経験の空殻にすぎないものであろう、といわれている。直観的内容は分別的思惟を超越したものである。それゆえ分別を超えたものを分別でもってとらえようとするのは矛盾である。

けれども、一方、われわれは分別的思惟によるのでなければ対象を思惟することはできない。知るということは分けるということである。そもそも認識は判断によって成立するが、判断とは、文字どおり、判《わけ》ることであり、断《た》つこと、すなわち分離し分断することである。ドイツ語の Urteil（判断）も語源的には Ur-teil（根源 - 分割）の意である。思惟以前には分離されることなく統一されていたものが分けられることによって、はじめて認識は成立する。知ることを、一般に分かるとか、解るとかいうのはそのゆえである。対象は、それが分解され分離されることによってはじめて認識されるのである。

西田はつねに「知的直観」とか「絶対無の自覚」とかいった宗教的境位をもって真実在と考えていた。しかしそれらはもっぱら体験の立場でいわれるものである。しかるに、そうした体験的境位は言葉によっては伝えられない。そもそも言葉というのは、事物を他のものと区別する標識であって、本質的に分別的であるからである。それゆえ禅仏教では「不立文字《ふりゅうもんじ》」とか「以心伝心」とかいうことをいう。宗教的境位は自得されるものではあっても、思惟されるものではない。

けれども、純粋経験にしろ、絶対無の自覚にしろ、それが反省されなければ認識の対象とはならない。哲学は反省的思惟の立場においてはじめて成立するのである。それゆえ知的直観としての純粋経験は、それが分別的思惟によって反省されることによってはじめて認識の対象となる。それゆえ「純粋経験」の立場は必然的に「純粋経験の自覚」の立場へと展開していかなければならない。これが『自覚に於ける直観と反省』(一九一七年)や『意識の問題』(一九二〇年)および『芸術と道徳』(一九二三年)において展開された思想である。

2 意識的自覚——自己が自己を見る

既述したように、西田哲学は真正の自己の探究であった。そしてそれを西田は最初、純粋経験と考えた。純粋経験は主客未分・知意融合の意識現象であった。けれども、もしそうであるなら、純粋経験はいつまでも純粋経験としては認識されない。純粋経験が認識されるためには、それが認識の対象として反省される必要がある。純粋経験に反省の契機が加わることによってはじめて純粋経験は認識されるのである。しかし反省されたものはもはや純粋経験ではない。反省は主観と客観の区別を前提しているからである。

たしかに、そこに論理的矛盾があることは指摘したとおりであるが、哲学理論としてはやむをえないことである。したがって問題は、哲学的思惟がどこまで宗教的境位に迫ることができるか、あるいはいかにしてその風光を的確に伝えることができるかということである。純粋経験から最晩年の逆対応の論理にいたるまでの西田の思索の歩みは、そうした試みの不断の深化の過程としてとらえることができるだろう。

西田の第二の主著である『自覚に於ける直観と反省』は以上のような思索の経緯を如実に反映している。ここでいう直観とは純粋経験のことであり、反省とはそれを外から見た意識である。そしてこの直観と反省を結ぶものが自覚である。自覚においては、自己を見るということは同時に自己が見られることであり、自己を直観するということは同時に自己を反省することである。自己は自己を直観することによって自己を反省し、自己を反省することによって新たな自己の直観を得る。こうして無限に進展していくのが意識の自覚的形式である。純粋経験を反省するということは純粋経験自身が自己を反省することでなければならず、純粋経験の自覚的反省でなければならない。

自覚という言葉は、もともとはフィヒテの Selbstbewußtsein の訳語であった。したがってそれは「自己意識」と訳すのが原意にもっとも近い。けれども西田は一貫してそれを自覚と訳している。その理由は明らかではないが、おそらくそこに「自己に目覚める」という意味を含めたかったのだろう。フィヒテにおいては Selbstbewußtsein はただ自己が自己を意識する、反省するという認識論的意味しかもたなかったが、西田はそこに宗教的自覚的意味をもたせようとしたのではないかと思われる。西田哲学は、本来、真正の自己の探究であったということがこうした用語法からもうかがわれるのである。

ともかく西田は自覚を「自己が自己を見る」ことと定義し、いっさいのものをこの自覚の形式によって説明しようとした。それは『善の研究』において、純粋経験を唯一の実在としていっさいのものを説明していこうとした態度と符合している。すなわち直覚的な純粋経験を反省することによって、自覚の立場からいっさいのものを説明していこうとしたのである。実際、同書において西田は、自覚の形式によって論理の体系を説明し、ついで数理の体系を説明し、さらには経験の諸体系を説明しようとしている。

長年の禅体験の表白という性格をもった『善の研究』とは異なって、『自覚に於ける直観と反省』は当時の流行思想であった新カント学派に対抗するという意図をもったものであり、そのせいか論理主義的色彩が濃厚である。そこでとりあげられているのはリッケルトやコーヘンといった新カント学派の論理主義やフッサールの現象学であった。この時期、西田はベルクソンやオイケンに代表される生の哲学と新カント学派の主張をフィヒテの「事行」(Tathandlung)

の観念に近い立場から綜合統一しようとした。しかし、それと同時に、そこには真正の自己の探究というテーマが伏在している。それは西田が「自覚の自覚」として、自覚の極限を「絶対自由意志」と考えたところにもうかがわれる。同書の末尾では、絶対自由意志こそ真実在であり、また真正の自己でもあって、いっさいのものはその顕現であると考えられている。

絶対自由意志というのは、要するに真正の自己のことである。最初、自己は純粋経験と考えられ、ついで自覚と考えられたが、そうした自覚の究極が絶対自由意志と考えられた。ちょうど純粋経験の究極が知的直観と考えられたように、自覚の極限が絶対自由意志と考えられたわけである。そして知的直観が不可思議な作用と考えられたように、絶対自由意志もまたあらゆる分別を超えた神秘的な働きと考えられた。『自覚に於ける直観と反省』の序で、西田が「刀折れ矢竭《つ》きて降を神秘の軍門に請うた」(②一一頁)と告白せざるを得なかったゆえんである。西田哲学においては、究極的なものはつねにあらゆる分別や反省を超越したものと考えられている。先の「知的直観」がそうであり、この「絶対自由意志」がそうであり、後の「絶対無の自覚」がそうである。

ともかく『自覚に於ける直観と反省』においては、西田は「自己が自己を見る」という自覚の観念から出発して、すべての学問体系をこうした自覚の形式によって説明しようとし、その極限において、自覚の究極の形式としての絶対自由意志に到達した。そしてそこから一転して、今度は絶対自由意志の立場からいっさいの学問体系と種々の世界を説明しようとしている。そこにはいくつもの矛盾があって、西田自身、自分の考えを一種の神秘主義と認めざるを得なかったのであるが、しかし同時に、究極的な実在を精神的なもの、心的なものと考え、現実をその顕現であると考えようとしている点では一貫している。

究極的実在を心的なものと考えるのは、一見するところ、主客未分の純粋経験や、「見るものと見られるもの」の一致を説く自覚の概念に矛盾するようであるが、西田は究極的実在をつねに精神的、心的なものと考えている。たとえば『善の研究』では「実在は精神に於て始めて完全なる実在となる」(①七五頁)といい、「最も根本的なる説明は必ず自己に還ってくる。宇宙を説明する秘鑰《ひやく》は此《この》自己にあるのである。物体に由《よ》りて精神を説明しようとするのはその本末を顚倒した者といわねばならぬ」(①一四三頁)といっている。また『哲学の根本問題 続編』(一九三四年)においては「科学者は現実を物と見、仏教者は現実を心と見る」(⑥三四二頁)といっている。無論、ここでいう精神や心は自然や物体と対立するものではなく、そうした対立を超越したものであるが、そうした無差別的な実在をなお精神といい、心と呼んでいるところに西田哲学の唯心論的傾向をみとめることができる。

現実の世界はいわゆる自然や物体の世界ではない。その根底にある根源的な精神や心の顕現である。われわれは自己の外に自然を見ているのではない。他ならぬ自己自身を見ているのである。自己は自然であり、心は物である。両者は一体不離なるものであって切り離して考えることはできない。ここには「草木瓦礫はわが心なり」と唱った王陽明の「心の哲学」と符合するものがあるだろう。あるいはまた「牆壁《しょうへき》瓦礫これ心なり」と語った道元の実在観と相通ずるものがあるだろう。

このように西田哲学においては心と物が分離されないだけでなく、自己と学問は分離されない。すべての学問体系は真正の自己である絶対自由意志の顕現である。そこには、世界の究明は自己の究明であり、自己の究明は世界の究明であって、両者は別個のものではないという確固たる信念がみとめられる。学問の世界と自己の世界を分離するという考えは西田哲学にはなかった。したがって、「自己が自己を見る」という自覚の形式によってあらゆる学問体系を位置づけ説明するということは、同時に真正の自己に目覚めることなのである。

3　場所的自覚——自己が自己に於て自己を見る

意識的自覚のつぎの段階は場所的自覚である。意識的自覚が「自己が自己を見る」ことであるとすれば、さしずめ場所的自覚は「自己が自己に於て自己を見る」ことであると表現することができる。この場合、「自己に於て」というのが場所のことである。自己は自己という場において自己を自覚する。このように「自己が自己を見る」自覚の形式に、新たに「自己に於て」という場所的契機が加わることによって、自覚は新しく、より深い段階へと進展していった。

「場所」という言葉は、一見するところ、いかにも唐突で、取ってつけたような、おさまりの悪さを感じさせるが、よくよく考えてみると、自己が自己を見るのは、自己という場所においてみるのであって、他の場所において見るのではない。見るのも自己であれば、見られるのも自己であり、また見たり見られたりする場も自己である。見る自己と見られる自己は、両者の共通の根底である場所においてはじめて位置づけられる。

場所という言葉は、西田自身が語っているように、プラトンのコーラの観念にヒントを得たものである。プラトンは「自然について」という副題のついた『ティマイオス』において宇宙の創造について語っている。彼は、最初、創造主(デミウルゴス)がイデア(形相)を眺めながらヒュレー(質料)から宇宙を創造したと語っていたが、途中で、これにコーラという第三の要素を付加した。コーラとは、場所とか空間とかいう意味である。つまりデミウルゴスはコーラにおいてイデアを受け取り、ヒュレーから宇宙を創造したというのである。イデアを受け取るには受け取る場所がなければならない。それがコーラであって、コーラはイデアの受容者(ヒュポドケー)であるといわれている。あるいはまた比喩的に、イデアは父であり、コーラは母であり、いっさいの感覚物(アイステートン)は子であるともいわれている。

プラトンにおけるイデアとコーラの関係はデモクリトスにおけるアトムとケノンの関係に似ている。デモクリトスは宇宙におけるいっさいのものの生成と消滅を、無数の原子と原子の結合と分離によって機械的に説明しようとしたが、その際、原子と原子が結合したり分離したりするには、そうした移動を可能にさせる空間(ケノン)がなければならないと考えた。この意味で、ケノンがアトムにおとらず実在であるように、コーラもまたイデアやヒュレーにおとらず実在であるといえるだろう(もっともプラトンの場合は、このコーラとヒュレーの関係が必ずしも明確ではない)。

これと同様、西田も、プラトンとはまったく違った観点からではあるが、自己が自己を見るには、両者を包むコーラすなわち場所がなければならないと考えたのである。後に述べるように、西田の場合はヒュレーの根底がコーラであって、コーラはヒュレーの形相化すなわちイデア化の場所であると考えられている。プラトンにおいてはコーラはイデアの具現化の場であったが、西田においては、反対に、コーラはヒュレーの形相化の場であった。したがって、場所はどんな意味でも形のないもの、すなわち「無相」(アモルフィア)でなければならない。それゆえ「絶対無の場所」と呼ばれるのである。プラトンの形而上学が形相の形相としてのイデア論であったとすれば、反対に、西田の形而上学は質料の質料としての絶対無の場所論であったといえるだろう。ただし、ここでいう質料はプラトンの場合とは異なって積極的で能動的なものと考えられている。プラトンにおいてはコーラはイデアの単なる受容者であったが、西田においては、反対に、コーラはイデアの創造者であった。無論、ここでいうイデアは西田的な意味でのイデアである。

また、前述したように、プラトンは、イデアが父であり、コーラが母であり、感覚物(アイステートン)が子であるといっているが、西田においてはイデアとコーラとアイステートンは別個のものではない。根本的なのは絶対無の場所(コーラ)であって、イデアもアイステートンもコーラの現成であり、顕現である。西田哲学においてはイデアはけっして超越的なものとしてではなく、つねに内在的なものとして考えられていることに注意しなければならない。

この時期、西田は事物と事物、対象と対象との関係を「包むもの」と「包まれるもの」との間の論理的関係でもって考えている。彼が一般者とか特殊とか個物とかいった言葉を汎用するゆえんである。それで、この点から自然界と意識界と叡智界を較べてみると、意識界は自然界においてある自然現象だけでなく、心理現象をも自己の内に包摂しているので、より大なる一般者と呼ばれる。しかるに叡智界はいっさいの意識現象を超越した世界であるから一般者の一般者と呼ばれる。そして叡智的一般者の極限に無の一般者(絶対無の場所)が考えられている。

こうした三種の世界、すなわち外界、内界、超越界(正確には内在的超越界)を、西田は最初、「有の場所」「意識の野」「絶対無の場所」と呼んでいたが、後にそれを「判断的一般者」「自覚的一般者」「叡智的一般者」(その極限が「無の一般者」)と呼ぶようになり、それらを「一般者の自覚的体系」として論じている。それは場所的自覚の論理化ないし体系化の試みであるといえるだろう。

「有の場所」(自然界)は「意識の野」(意識界)に包まれ、「意識の野」を拡大していったその極限に「絶対無の場所」(叡智界)が見られる、というのが「場所的自覚」の最初の形態であった。場所というと、何か空間的で静止的であるような印象をあたえがちであるが、既述したように、場所はプラトンのコーラからヒントを得たものであって、すべての存在や作用の「於てある場所」であり、またプラトンのコーラとは異なって、それ自体が作用であると考えられている。西田哲学においては作用を包むものは、それ自身が一つの作用であり、作用の作用である。根源的なものは作用であって、いかなる実体や存在者でもない。純粋経験も作用であれば、自覚も作用であり、また自覚の自覚である絶対自由意志も作用であれば、それをも包む場所もまた作用である。西田自身、絶対無の場所を説明して、「一切のものを自己の内に包み、これを自己の影として映して見るもの」といっているが、正確にいえば、「映して見る存在」ではなく、「映して見る作用」である。この点は、とかく西田の場所の概念が誤解される要因になっていると思われるので、とくに留意する必要があるだろう。繰り返していえば、「場所」はいっさいのものを包むという意味では空間的であるが、同時にそれはいっさいのものを産出する根源でもある。しかもそれは、いっさいのものを自己とは別個のものとして産出するのではなく、自己自身の表現として産出するのである。その意味で、見るものと見られるものと、そうした作用がおこなわれる場とは同一である。

4　絶対無の自覚——真正の自己に目覚める

西田は実在を一貫して作用ないし働きと考えている。純粋経験がそうであり、自覚がそうであり、また絶対自由意志もそうであった。それらはいずれもいっさいの作用の究極であり、極限であった。しかるに場所はそうした作用を包むものであり、それを自己の影として映して見るものであった。西田が自覚から場所への進展を、実在を作用の極限点と考える立場から、それを極限面と考える立場への移行であるといったり、「働くもの」から、それを自己の内に包んで「見るもの」への移行であるといったりするゆえんである。そして実在観のそうした進展というよりも転回は、『働くものから見るものへ』(一九二七年)という著作のタイトルに端的にあらわれている。文字どおり、それは「働くもの」を実在と考える立場から、さらにその「働くものを」を自己の内に「見るもの」を実在と考える立場への転回である。

またこのことと関連して注意すべきは、西田の思索がつねに自己の内へ内へ、底の底へと志向していることである。西田は彼の思想形成の過程でつねに形而上学をもとめつづけたが、そこでいうところの形而上学は、プラトン以来の西洋の伝統的な形而上学のような外在的な超越者の探究ではなく、反対に内在的な超越者の探究であった。この意味で、プラトンの形而上学が「自然の形而上学」(metaphysica)であったとすれば、西田のそれは「心の形而上学」(metapsychica)ともいうべきものであったといえるだろう。西田は自己の外に超越したものを真の実在とは考えないで、反対に、自己の内に、あるいは自己の底に超越したものを真実在と考えた――というよりも、西田哲学においてはそもそも外在的超越者などというものは存在しないのである。前述したように、西田は自分の哲学を「徹底的実証主義」と呼んでいる。

　しかるに自己の内にあるものは対象化することはできない。そういう意味ではけっして形のあるものではなく、形のないものである。それで実在は無と呼ばれ、否、絶対無と呼ばれたのである。というのも、そこでいうところの無は有無の対立における相対的な無ではなく、有無を超越した絶対的な意味での無であるからである。それは絶対有であるプラトンのイデアやアリストテレスの純粋形相の対極にある「無相」(アモルフィア)であり「無極」である。

　この点で、西田の実在観は老子や荘子の思想と相通ずるところがあるばかりでなく、北宋時代の思想家、周敦頤《しゅうとんい》の『太極図説』の冒頭にある有名な言葉「自無極而為太極」(無極よりして太極となる)とも相通ずるところがある。周知のように「無極」については朱子と陸象山(九淵)との間に論争があり、陸象山が老荘臭のある「無極」の存在を否定したのに対して、朱子はその必要性を説き、「無極而太極」と解した。朱子によれば、根源的な理である「太極」を何か形態的なものと見ることを否定するために「無極」という言葉が必要であったというのである。したがって『太極図説』の「自無極而為太極」は、朱子の考えでは「無極而太極」、いいかえれば「無極即太極」のことであるが、しかし原文は「無極自《よ》り而《して》太極と為《な》る」となっているので、太極よりも無極が根源的であるとも理解することができる。いずれにしても「無」とか

「空」とか「無極」とかいった観念は東洋思想に馴染みのあるものといえるだろう。それらはいずれも、まったく形相をもたない無相である、というよりも非相である。

西田は場所の論理を展開した『働くものから見るものへ』の序で、「形相を有となし形成を善となす泰西文化の絢爛たる発展には、尚ぶべきもの、学ぶべきものの許多《あまた》なるは云うまでもないが、幾千年来我等の祖先を孚《はぐく》み来った東洋文化の根柢には、形なきものの形を見、声なきものの声を聞くと云った様なものが潜んで居るのではなかろうか。我々の心は此《かく》の如きものを求めて已《や》まない、私はかかる要求に哲学的根拠を与えて見たいと思うのである」(③二五五頁)と記している。

おそらく西田は、場所の思想に到達してはじめて自己固有の立場を見いだしたという確信をもったのではなかろうか。純粋経験といっても、それはマッハやジェームズの純粋経験説をもとにしたものであり、また自覚といっても、フィヒテの知識学を下敷きにしたものであって、自前のものではなかった。少なくとも用語としては借物であった。それが場所の思想にいたってはじめて西田独自の思想に到達したといえるのである。西田の思想が「西田哲学」という固有名詞をもって呼ばれるようになるのはこの時期からであるのも偶然ではない。

さて、上述したように、西田は場所を「有の場所」「意識の野」「絶対無の場所」の三種に分類したが、後にそれらを「判断的一般者」「自覚的一般者」「叡智的一般者」（「無の一般者」）と改称し、場所の論理を一般者の自覚的体系として論理化し体系化していった。それが『一般者の自覚的体系』の内容である。西田の思想はつねに直観主義と論理主義との間を揺れ動いている。純粋経験が直観主義だとすれば、自覚は論理主義であり、場所の思想が直観主義であるとすれば、一般者の思想は論理主義である。さらには行為的直観の思想が直観主義であるとすれば、絶対矛盾的自己同一は論理主義であるといえるだろう。

もう一つ、ここで留意すべきは、三種の場所や種々の一般者はそれぞれ別個の世界や領域であるのではなく同一のものの顕現の仕方の相違にすぎないということである。三種の異なった場所があるのではない。三種の異なった層があるのである。有の場所は意識の野に包まれ、また意識の野の極限に絶対無の場所が見られるのである。あるいは有の場所も意識の野も同じく絶対無の場所の顕現である。この点について西田自身「一般者の三つの層は、互に相独立せるものではなく、一般の一般として相重なり、之《これ》に於てあるものは特殊の特殊として相続くものでなければならぬ」（④八二頁）といっている。

西田は「場所」（一九二六年）と題する画期的な論文を契機として、いわゆる場所の論理を展開し、さらに種々の場所を一般者の自覚的体系として論じていった。

まず「有の場所」が「判断的一般者」と呼ばれるようになった。それは具体的には自然界を指している。自然界がなぜ判断的一般者と呼ばれるのかは明らかではない。あまり馴染みのない判断的一般者という名称よりも、たとえば自然的一般者という方が具体的でわかりやすいようにも思われる。けれども、それをあえて判断的一般者と呼ぶことによって、いわゆる自然界がけっしてそれ自身で独立して存在するものではなく、われわれの自己による判断の対象界であるという意味をもたせようとする意図があったのではないかと思われる。既述したように、西田にとって自然界はけっして自己の外にある、自己とは別個の存在ではなく、どこまでも自己の判断の対象界であり、したがって自己にとって内なるものなのである。この点で、西田の思想はバークリやフィヒテの唯心論あるいは主観的観念論に通ずるものがある。

判断的一般者においては「有るもの」「働くもの」が見られ、その極限において「自己」が見られる。それらはそれぞれ「物質」「生命」「人間」という言葉でおきかえることもできるだろう。自然界における最後のというか、究極的な存在はわれわれの自己である。自己も一種の自然であるが、同時にまた意識でもある。

ついで「意識の野」(「対立的無の場所」)は「自覚的一般者」と呼ばれるようになった。それは具体的には意識界を指している。われわれの意識界は自然的事象を包むと同時に心理的事象をも包む。したがって自覚的一般者は判断的一般者をも内に包むものであり、いわば「一般者の一般者」である。自然的存在としての自己は判断的一般者において論じられるが、意識としての自己は自然を超えたものであるから、自覚的一般者において論じられる。ここでは知的自己、情的自己、意的自己がこの順序で論じられている。それは純粋経験の諸段階の叙述の場合と同様である。この点でも、西田の思想は一貫しているといえるだろう。

この三段階の自己に関して西田は、知的自己においては客観が主観を包み、情的自己においては主観と客観が一致し、意的自己においては主観が客観を包む、といっている。そうした表現はいかにも明快であるが、しかしその趣意をつかむのは必ずしも容易ではない。察するところ、認識的自己(知的自己)においては主観は客観によって限定されるのに対して、芸術的自己(情的自己)においては主観と客観が一致しており、意志的自己(意的自己)においては主観が客観を限定するという意味のようである。要するに主観と客観との間の、能動・受動、包む・包まれる関係でもって、それら三段階の作用の違いを考えているように思われる。すると意的自己はすでに自覚的一般者を超越し、叡智的一般者に属するものである。ちょうど判断的一般者において最後のものである「自己」が、判断的一般者を超越して自覚的一般者に属していたように、自覚的一般者において最後のものである意的自己は自覚的一般者を超越して叡智的一般者に属するという自己矛盾的要素を含んでいる。こうした考え方は多分に弁証法的である。

最後に、「絶対無の場所」は「叡智的一般者」と呼ばれるようになった。絶対無の場所はもともと形而上学的な領域をあらわす言葉であったので、叡智的一般者という表現にはあまり違和感はない。おそらくそれは、カントの叡智界(mundus intelligibilis)という用語にヒントを得たものではなかろうか。この叡智的一般者もまた知的叡智的一般者、情的叡智的一般者、意的叡智的一般者の三段階に分けられ、この順序で論じられている。そして具体的には、それぞれ「意識一般」「芸術的自己」「道徳的自己」が解明されている。最後の道徳的自己は、理想と現実、欲求と良心との間で揺れ動く自己矛盾的な自己である。西田はそれを「悩める魂」と呼んでいる。そして道徳的自己がその自己矛盾の極限において、一転して自己を放棄するとき、叡智的自己は「宗教的意識」となる。それはいわゆる回心であり、真正の自己の覚醒である。そうした宗教的意識を西田は「絶対無の自覚」と呼んだ。

絶対無の自覚は、上述したように、「見るものも見られるものもなく色即是空空即是色の宗教的体験」である。さしずめそれは『善の研究』における「知的直観」にあたるといえるだろう。絶対無の自覚は、われわれの自己の側からいえば、自己の根底が絶対無であるということの自覚であり、これを絶対無の場所の側からいえば、場所自身の自覚である。両者は相即相入の関係にあるのであって、まったく別個のものであるのではない。

このあと、後期の西田哲学は絶対無の自覚的限定としての歴史的現実界を説明することを一貫した課題としている。これまでの西田の思索はもっぱら真正の自己の探究、あるいは自己の根源の探究であったといえる。純粋経験を出発点として、純粋経験の自覚へと進展し、さらに自覚の自覚としての絶対自由意志に到達し、そこからそうした作用を自己の内に包んで、それを自己の影として自己の内に映して見る絶対無の場所の思想に到達した。それが絶対無の自覚である。そしてこの絶対無の自覚において「心の形而上学」が完成した。いいかえれば真正の自己の探究という課題の解決を見たのである。

5　世界の自覚――自己の内に他を見、他の内に自己を見る

以上が前期の西田哲学の展開過程である。純粋経験から出発して、純粋経験の自覚へと進み、そこからさらに純粋経験の自覚の場所へといきついた。その極限が絶対無の自覚である。後期の西田哲学においては、真正の自己の本体ともいうべき絶対無の自覚的限定の諸相として現実界が論じられている。いいかえれば絶対無の場所という形而上学的高所の探究から、一転して、

その顕現としての歴史的現実界の構造と形成が考察の対象となっている。

こうした思索の転回は、浄土仏教でいう往相と還相《げんそう》、あるいは禅仏教でいう向上と向下《こうげ》の関係に比せられるだろう。前期の西田哲学が「心の形而上学」だとすれば、後期の西田哲学は「世界の歴史哲学」であるといえる。それは歴史的現実界の論理的構造とその創造的形成を説くものであり、より正確にいえば、絶対無の自覚的限定としての歴史的現実界の全容を明らかにしようとするものである。そして歴史的現実界は本質的に弁証法的な論理構造を有していると西田は考え、それを弁証法的世界と呼んだ。またそうした弁証法的構造を具体的には「絶対矛盾的自己同一」と考えた。歴史的現実界は絶対矛盾的自己同一的世界である。ここでは自覚はもはや自己の自覚ではなく世界の自覚であり、世界自身の絶対矛盾的自己同一的自覚である。自覚が自己の側からではなく世界の側から見られていることに注意しなければならない。

前期の西田哲学の課題は真正の自己とその根源の探究であった。したがってそれは必然的に形而上学の形態をとった。けれどもそれはプラトン以来の形相の形而上学ないしは自然の形而上学ではなく、その対極にある無相の形而上学ないしは心の形而上学であった。つまり絶対無の形而上学であった。後期の西田哲学は、究極的実在である絶対無自身の自覚的限定の諸相としての歴史的現実界の真相を明らかにしようとするものである。したがってそれは歴史哲学であって、ここでは世界自身の自覚が課題となっている。

無論、後期においても自己の自覚が軽視されているわけではないが、そこで論じられている自己は世界に対峙する自己ではなく、世界の一契機としての自己である。創造的世界の創造的要素としての自己である。絶対矛盾的自己同一的世界においては自己の自覚が同時に世界の自覚であり、また世界の自覚は同時に自己の自覚である。自己は世界の一要素であるとともに世界全体を表現するものである。表現即表出(exprimer＝représenter)である。この時期、西田がとくにライプニッツのモナドロジーに接近したゆえんである。

ところで、このように考察の視点を自己の深層の世界から現実の世界へ転回することによって、西田の考えにいくつかの特徴ないし変化がみとめられる。

第一の特徴は、二極構造から多極構造への変化である。前期の西田哲学は真正の自己をもとめて自己の根源へ根源へと思索を掘りさげていった。そこには主として二つの契機がみとめられる。第一の契機は自己であり、第二の契機は自己の根源である。この二つの契機はまず個々の純粋経験と根源的統一力(神)との関係として、ついで自覚と絶対自由意志との関係として、さらには自己(個物)と場所(無の一般者)との関係として論じられた。そこに通底して見られるのは本質的な二極構造である。無論、前期においても自己に対する他己や自然がとりあげられなかったわけではないが、それらはけっして主要な問題となることはなかった。おそらくその理由は、西田の関心がもっぱら真正の自己の探究にあったからである。したがって、西田の思索は必然的に自己の内へ内へ、底の底へと深められていった。いいかえれば自己と自己の根源との関係の解明に力点がおかれた。

しかるに真正の自己である絶対無の自覚に到達したのち、そこから一転して今度は絶対無の場所の自覚的限定の諸相として歴史的現実界に目を注ぐと、そこには私に対して汝があり、彼や彼女や「それ」がある。あるいはまた自己に対峙する環境や社会や国家が歴然として存在する。要するに歴史的現実界は必然的に多極構造を有しているのであって、ただ単に自己と絶対無とから構成されているのではない。

西田は最初、歴史的現実界を人格的自己である私と、同じく人格的自己である汝とが相互に応答し対話しあう世界として考えていたが、そこに他己である彼や彼女や「それ」、あるいは環境や社会や国家を入れざるを得なくなった。それで現実界を、結局、多数の個物と個物が相互に限定しあい、自己と環境とが相互に限定しあう世界として考えるようになった。

またそれにともなって自覚の観念にも変化がみとめられる。この時期、西田は「自己の底に汝を見、汝の底に自己を見る」とか、「自己の内に他を見、他の内に自己を見る」とかいう表現を多用するようになった。これを従来の自覚の定義「自己が自己を見る」とか「自己が自己に於て自己を見る」と比較すると、その違いは顕著である。ここでは私に対する汝が、また自己に対する他己が念頭におかれている。いいかえれば自覚の観念も多極的な構造になっている。無論、汝や他己は私や自己とまったく別個のものであるわけではない。汝は汝であると同時に私であり、他己は他己であると同時に自己である。西田自身も、この点について、たとえば「自己が自己に於て自己を見ると考えられる時、自己が自己に於て絶対の他を見ると考えられると共に、その絶対の他は即ち自己であるということを意味していなければならない」(⑤三〇二頁)といっている。そうした意味では自覚の本質——無分別的性格——は変わらないのであるが、その表現が多極的になっていることに留意すべきである。

第二の特徴は、自己の観念が知的・意識的自己から行為的自己に変化していることである。前期の西田哲学は真正の自己の探究であった。したがって認識論や形而上学など主として理論的な問題が主題となっている。それゆえそこで論じられている自己は知的自己であり、意識的自己であった。つまりは認識の主体としての自己であった。しかるに後期の西田哲学では歴史的現実界において行為する行為的自己が主体となっている。真正の自己を観想する自己ではなく、他己と交わり、環境を作り、世界を創造していく自覚的な自己が論じられている。同じく自己といっても、自己の観念が知的な意識的自己から行為的な自己へと変移している。認識的な自己から実践的な自己へと移行している。このことは『善の研究』において理想的な純粋経験が「知的直観」と呼ばれていたのに対して、後期の『哲学論文集』（第一－七、一九三五－四六年）において「絶対矛盾的自己同一」の極致が「行為的直観」と呼ばれているところからもうかがわれるだろう。

仏教ではしばしば仏を大きく観仏と行仏《ぎょうぶつ》に分ける。観仏というのは仏を観たり悟ったりすることであり、行仏とは仏の行をおこなうことである。この点からすると、さしずめ前期の西田哲学は観仏を説き、後期の西田哲学は行仏を説いているともいえるだろう。

また自己の観念が知的・意識的自己から行為的自己へと変化したことと関連して身体の観念にも変化が生じている。前期の西田哲学においては身体はそれほど重要な問題としてとりあげられることはなかった。自己はもっぱら精神と考えられ、意志と考えられていて、「物体に由りて精神を説明しようとするのはその本末を顚倒した者といわねばならぬ」（①一四三頁）とされていた。それが中期から後期への過渡期の著作『無の自覚的限定』（一九三二年）において歴史的現実界が考察の対象になると、行為の主体としての身体が前面に押しだされるようになって、「人格とは昇華せられた身体に外ならない。〔……〕身体とは逆に物質化せられた人格ということができる」(⑤二一一頁)といわれるようになった。

前期の西田哲学においては、自己の主体は意志であり、身体はその表現であると考えられていた。身体は客体的なあるいはノエマ的なものとして見られていた。それが後期の西田哲学において環境や世界の創造の問題が主要なテーマになってくると、身体はそれ自身が主体的な性格を有するものとして見られるようになった。行為や実践には身体が欠かせないからである。それで身体は客体であると同時に主体でもあると考えられるようになった。

西田は生物的身体と人間的身体とを区別し、前者を生命的身体と呼び、後者を歴史的身体と呼んでいる。文字どおり、人間的身体は歴史を創造する担い手である。生物的身体においては創造ということはなく、同じものが繰り返し作られるだけである。したがって生命的世界は「作られたものから作られたものへ」の世界であるが、人間的身体は自己を作り、環境を造り、世界を創る。したがって歴史的世界は「作られたものから作るものへ」の世界である。自己は環境によって作られたものであるが、同時に環境を作るものでもある。自己は「作られて作るもの」である。このように後期の西田哲学においては身体がいきおい主体的性格をもつようになるが、その一方では、身体と意志との関係が必ずしも明確ではなくなっている。というのも自己は意志とはいえるが、必ずしも身体とはいえないからである。身体は純粋に主体とは見なされえない客体的要素をもっていることもまた明白であろう。

第三の特徴は、歴史的現実界が現象即実在と考えられていることである。現象即実在とは、現象界と実在界が同一であるということである。つまり世界は二重構造を有していて、それを現象界と見ることもできれば、同時に実在界として見ることもできる。現象界が同時に実在界でもある。西田のいう絶対矛盾的自己同一とは、そうした矛盾的であると同時に同一的な世界の構造を表現したものである。

通常、現象界と実在界はまったく別個の世界であると考えられている。たとえばプラトンにおいては感覚界とイデア界はまったく異なった世界と考えられている。感覚界は生成消滅する不完全な世界であるのに対して、イデア界は永遠不動の完全な世界である。またカントにおいても現象界と叡智界はまったく異なった世界と考えられている。現象界は因果律にしたがう必然的な世界であるのに対して、叡智界は自由の支配する理想的な世界である。自然界は現象界に属しているのに対して、道徳界は叡智界に属している。こうした二世界論的な考え方は西洋哲学に支配的であった。

しかし西田哲学にはこうした二世界論的な考え方はない。西田は、自分の哲学は現象即実在論である、とはっきりといっている。もともと西田はプラトンのイデア界やカントの可想界のような超越的な世界の存在をみとめていない。既述したように、彼は自分の哲学を「徹底的実証主義」だといっている。

では西田のいう現象即実在論とは、いったいどのような思想なのであろうか。それは歴史的現実界が現象として見られると同時に実在としても見られるということである。つまり現実界が日常的な分別の世界と見られると同時に、絶対無の自覚的限定の世界とも見られるということである。現象界と実在界があたかもコインの裏表のような関係にあって一体にして不離であるということである。

仏教では「一切唯心造」ということをいう。いっさいのものはただわれわれの心のあらわれであるという意味である。たとえば穢土《えど》即浄土ということがいわれるが、穢土の世界と浄土の世界という異なった二つの世界があるのではなく、世界は一つであるが、その唯一の世界が、それを見る人によって穢土ともなれば、浄土ともなるということである。穢れた人の心には穢土と映り、浄らかな人の心には浄土と映る。

それと同じように、歴史的現実界は表から見れば日常的な分別の世界であるが、それを裏から見れば、絶対無の場所自身が自覚的に自己自身を限定した無差別の世界であると見ることができる。われわれはこの二重の世界の内に存在しているのである。この意味では、われわれは

「二重世界内存在」(上田閑照)である。

ただし、この場合、注意しなければならないのは、現象即実在という表現における「即」はけっして等号ではないということである。現象界がそのまま実在界であるという意味ではなく、そこに「否定」の契機が介在しなければならない。現象界が否定されて実在界となり、実在界が否定されて現象界となる。そしてそれが西田のいう「自覚」である。いいかえれば、分別は自己の内に無分別を包含し、無分別は自己を分別として表現するということである。おそらく西田がいわんとしているのは、われわれは現実の世界における自己の一つひとつの行為が絶対無の自覚的限定であるという自覚にもとづいて行為しなければならないということであろう。晩年、西田はしばしば「物となって見、物となって行う」とか「物来って我を照らす」とかいった言葉を用いているが、それは、こうした創造的世界の創造的要素としての自覚を表現したものである。

晩年の「自覚について」(一九四三年)という論文のなかで、西田は「世界が自覚する時、我々の自己が自覚する。我々の自己が自覚する時、世界が自覚する。我々の自覚的自己の一々は、世界の配景的一中心である」(⑨五二八頁)といっている。おそらくこの言葉のなかに西田哲学の核心が表現されているのではなかろうか。

第一章
純粋経験
——真実在の世界

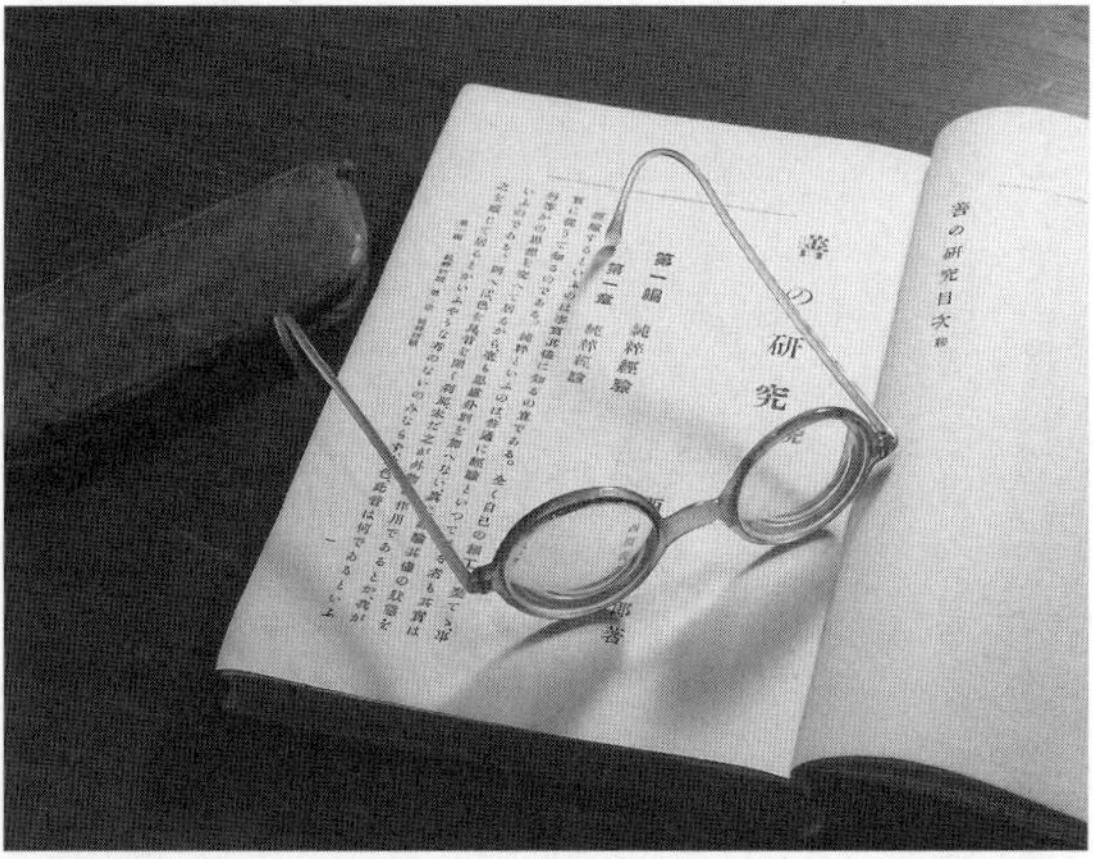

思索

西田哲学の出発点は『善の研究』（一九一一年）であり、『善の研究』の基本的立場は純粋経験の思想であった。西田は同書の序で「純粋経験を唯一の実在としてすべてを説明して見たいというのは、余が大分前から有《も》って居た考《かんがえ》であった」（①六頁）と述べ、また本文のなかで「純粋経験の事実は我々の思想のアルファであり又オメガである」（①二一頁）と記している。けれども、ここでいう純粋経験はけっして一義的なものではなく、きわめて多義的であって、そこには多くの異なった要素が含まれており、なかには相互に矛盾すると思われるようなものさえある。そこで、最初にそうした諸要素を指摘し、ついでそれぞれの要素を解説し、そして最後にそうした多様な内容の綜合と統一を図るのが好便ではないかと思う。

（一）真正の自己

第一に、純粋経験とは真正の自己のことである。その際、自己はけっして実体的なものではなく、作用的なものとして考えられている。西田哲学において一貫しているのは、実在は本体でも基体でもなく、純粋な作用であり活動であるという考えである。まず実体があって、その作用があるのではない。あるのは作用だけであって、そうした作用を支持している基体や本体はどこにもない。いわば作用が作用自身を支持しているのである。

（二）主客未分

第二に、純粋経験とは具体的には主客未分の意識現象のことである。それはまた知意融合、物我相忘という言葉でもって表現されている。純粋経験においては見るものと見られるもの、主観と客観、精神と自然の区別はない。それらは唯一実在である純粋経験の二つの契機ないしは局面にすぎない。純粋経験すなわち意識現象が唯一の実在であって、いっさいのものはその発展・展開の諸相である。

（三）個と普遍の相即

第三に、純粋経験は個人的であるとともに普遍的でもある。個人的経験と普遍的経験は一体不離あるいは相即相入の関係にある。西田はいう、「個人あって経験あるのではなく、経験あって個人あるのである。個人的経験とは経験の中に於て限られし経験の特殊なる一小範囲にすぎない」（①二四頁）と。またいう、「意識統一を個人的意識内に限るは純粋経験に加えたる独断にすぎない」(①一四四頁)と。そしてこの点で、西田のいう純粋経験は、経験を本質的に個人的なものにかぎり、普遍的経験というのは言語矛盾であると考えたジェームズの純粋経験の概念とは異なっており、むしろヘーゲルの「具体的普遍」の思想に近い。

(四) 実践的理念

第四に、純粋経験は単なる認識論や実在論の原理であるばかりではなく、道徳論や宗教論の原理でもある。純粋経験は単なる主客未分の現在意識であるだけではなく、同時にわれわれの行為の理想でもある。西田の考えでは、純粋経験はけっして一様なものではなく、種々の段階があって、その究極においては宇宙の根源的統一力(神)と一致する。それで純粋経験は単なる理論的原理であるばかりではなく、同時に実践的原理でもあるのである。このことは、『善の研究』が「純粋経験」「実在」「善」「宗教」の四つの編から構成されているところからもうかがわれる。そしてこの点もまた、純粋経験を単に理論的な原理としてのみ考えたマッハやジェームズの純粋経験説とは異なっている。

またこのことと連関して、西田哲学はどんな意味でも事物を差別しない無差別・平等の立場を基本としていることを念頭においておく必要がある。西田哲学は、主観と客観、精神と自然を区別しないだけでなく、個物と普遍、自己と世界を区別しない。また理論と実践、認識と行為をも区別しない。認識論や実在論の原理が同時に道徳論や宗教論の原理でもある。

(五) 絶対的唯心論

第五に、純粋経験は主客未分の意識現象であるが、こうした意識現象の根底は精神的なもの、心的なものであると考えられている。無論、それは物や自然と相対するような精神や心ではなく、そうした対立を超越したものであるが、にもかかわらずそうした超越的ないし形而上学的な原理は精神的で心的なものであると考えられている。この点から見れば、西田哲学は究極的には絶対的唯心論であるといえるだろう。そしてその点で、『華厳経』の「三界唯心」の思想や王陽明の「心即理」の考えとも符合している。西田哲学は本質的に心の哲学であり、現実を心と見る哲学である。しかし、絶対的唯心論という表現は誤解を招きやすいので、後にあらためて詳述することにしたい。

1　純粋経験は真正の自己である

何度も触れたように、西田哲学は一貫して真正の自己の探究であった。そして最初、真正の自己と考えられたのは純粋経験であった。では純粋経験とはいったい何であるだろうか。とくに純粋とはどのような意味であろうか。またそれは通常の経験とどのように異なっているのだろうか。

『善の研究』の冒頭で西田は純粋経験を定義して、「毫《ごう》も思慮分別を加えない、真に経験其儘《そのまま》の状態」であるとか、「自己の意識状態を直下に経験した時、未だ主もなく客もない、知識と其対象とが全く合一して居る」(①九頁)ような状態であるといっている。そしてその例として、「色を見、音を聞く刹那、未だ之が外物の作用であるとか、我が之を感じて居るとかいうような考のないのみならず、此色、此音は何であるという判断すら加わらない前をいうのである」(同前)と述べている。

すると純粋経験とは「事実そのまま」の意識現象、あるいは「直接経験」のことと考えられる。通常の経験、たとえば「花を見る」というような経験においては、すでに主観と客観が分離しており、知覚や判断が加わっている。見ているのは私であり、見られているのは花である。したがってそれは事実そのまま、経験そのままの状態ではない。それで西田は純粋経験を「主客未分」とか「物我相忘」とかいった言葉で表現しているのである。

しかるに『善の研究』の冒頭につづく段落では、西田は感覚や知覚が純粋経験であるばかりか、記憶もまた純粋経験であるといっている。しかし、感覚にしろ知覚にしろ、それらはすでに主客の分離を前提している。そこには見るものと見られるものとの対立がある。したがって、それは主客未分の厳密なる意識の統一的状態という最初の定義に反しているように見える。そこには明らかに矛盾がみとめられる。では、われわれはこのような矛盾をいったいどう理解したらいいだろうか。

こうした、一見すると矛盾とも思われる主張を理解するには、つぎの二点を考慮する必要があるだろう。

第一は、西田が『善の研究』でいったい何を企図していたかということである。この点については前述したように、同書の序で、「純粋経験を唯一の実在としてすべてを説明して見たいというのは、余が大分前から有って居た考であった」と記されている。いっさいのものを唯一の原理である純粋経験の発展・展開の諸相として説明すること、これが『善の研究』の執筆の動機であった。したがって、感覚や知覚のような心的事象もまた一種の純粋経験と考える必要があったということである。

第二は、西田が、マッハやジェームズとは異なって、純粋経験をけっして一様のものとしてではなく、高下・深浅・強弱のいくつもの段階をもったものとして考えていたということである。意識の統一とか分裂とかいっても、相対的であり、比較程度上のものである。一口に統一といっても、より統一したものと較べると分裂しており、また反対に、分裂していると思われるものも、より分裂しているものと較べると統一しているともいえる。この点からすれば、いっさいのものは純粋経験であるといえるだろう。実際、西田は判断や意味のような各種の思惟作用もまた純粋経験であると考えている。そこに共通しているのは、主客未分の意識というよりも、むしろ意識の連続性であり、現在意識であるということである。実際、『善の研究』の冒頭の文章では、純粋経験は「事実そのままの現在意識」であると記され、つぎの段落でも知情意の働きが「現在意識」であると語られている。

こうした考えはジェームズの「意識の流れ」(stream of consciousness)やベルクソンの「純粋持続」(durée pure)の考えと共通するところがあるだろう。この時期、西田がジェームズやベルクソンの思想に深く共感したゆえんである。

西田は『善の研究』のある箇所で、精神を集中して数学の問題を解いている場合を純粋経験の事例としてあげているが、その場合、精神を集中すればするほど対象（数学の問題）はより先鋭化され意識的となってくる。そこにあるのは主客相没・物我相忘の状態というよりも、むしろ意識の緊密な連続性や統一性であろう。というのも精神が一心不乱に解答を求めれば求めるほど、対象はなくなるどころか、ますますその存在性を増してくるからである。主客の対立がなくなるのではなく、むしろ決定的になるのである。対象の意識がなくなるのではなく、反対にますます意識される。

通常、純粋経験というと主客未分とか知意融合とかいった言葉で表現されがちであるが、むしろ重要なのは意識の連続性や統一性という性格なのである。たしかに精神を集中して数学の問題を解いているとき、精神と数学の問題が一体不二の状態になっているとはいえるだろうが、しかしその場合、数学の問題がけっして消失してしまっているわけではないし、かといって精神がなくなってしまっているわけでもない。むしろ精神も数学もどちらも自覚的になっているのである。

しかるに同じく西田が純粋経験の事例としてあげている「音楽家が熟練した曲を奏する時」や「雪舟が自然を描く時」の場合は、音楽家と名曲、雪舟と自然の対立はなくなっており、物我相忘の状態にあるといえる。音楽家は名曲そのものとなり、雪舟は完全に自然と融合している。名曲は音楽家を通して自分を奏しているともいえるし、自然は雪舟を通して自己を描いているともいえる。しかし精神が数学の難問を解いているときには、精神は難問と融合しているわけでもなければ、難問が精神を通して自分を解いているわけでもない。精神はますます精神として先鋭化し、難問はますます難問として意識されている。

この場合、音楽家や雪舟と、数学の難問を解いている精神とに共通しているのは緊密な意識の連続性であり、現在性であろう。だから、われわれが一心不乱に難問を解いている状態を純粋経験と呼んではばからないのは、必ずしもそれが主客相没・物我相忘の意識現象であるからではなく、むしろそれが不断の意識の流れであるからである。このように考えれば、西田が感覚や知覚や記憶を純粋経験であるといっているのも理解できるだろう。

2 マッハやジェームズの純粋経験説との異同

ところで「純粋経験」という言葉は西田の造語ではない。西田自身、その由来をマッハ(Ernst Mach, 1838–1916)やアヴェナリウス(Richard Avenarius, 1843–1896)の reine Erfahrung あるいはジェームズ(William James, 1842–1910)の pure experience に帰している。一般にマッハやアヴェナリウスの哲学は「経験批判論」(empirio-criticism)と呼ばれている。それはできるだけ少ない要素でもって、できるだけ経済的に事象を説明していこうとする考え方をいう。それで、「思惟経済説」(Denkökonomie)とも呼ばれている。たとえばマッハは『感覚の分析』(一八八六年)のなかで、心理的なもの(心)と物理的なもの(物)、主観と客観、意識と存在のような二元論的思考を否定し、また実体とか因果律とかいった形而上学的な装置を排除して、世界を中性的な感覚的諸要素(色・音・熱・圧など)からなるものと考え、これら諸要素間の関係を思惟経済の原則にしたがって叙述することが科学の任務であると説いた。そしてこうした諸要素を純粋経験と呼んだ。したがってその教説は「要素一元論」ということもできるだろう。

けれども、こうした思惟経済的な考えは何もマッハやアヴェナリウスに始まるものではない。西洋に伝統的にあるものである。たとえば中世のスコラ哲学者オッカム(William of Occam, 1285?–1347/9)は、ある事象を説明するのに必要以上の仮定を設けるべきではないと考え、より少ない仮定によってより広い事象を説明できる単純な理論がすぐれていると説いた。それは一般に「オッカムの剃刀」(Occam's razor)として知られている。文字どおり、「余分なものを剃り落とす」という意味である。

またジェームズは晩年に出した論文集『根本的経験論』(一九一二年)において、純粋経験を、世界を構成する「根本的素材」(primal stuff)と考えた。「純粋経験というのは、われわれが概念を用いてあとから加える反省に、その素材を提供する直接的な生の流れに対して、付与した名称である」とジェームズはいっている。ジェームズのいう「根本的経験論」(radical empiricism)とは、経験と経験との関係も一つの経験と考えて、いっさいのものをこうした純粋経験から説明しようとする態度をいう。近代の経験概念は、イギリス経験論にしてもカントの認識論にしても、経験というものを受動的なものと考え、それが能動的な悟性によって概念的に思惟されることによってはじめて妥当な認識となると考えられていたが、ジェームズは経験をまったく能動的なものと考え、経験と経験の結びつきも経験自身の作用であると考えた。したがってまた主観と客観、精神と自然との関係も経験相互の関係によって説明された。それが「根本的」ということの意味である。

以上のように「純粋経験」という用語はマッハやジェームズから借用したものであるが、しかしその内容はまったく西田独自のものである。西田は二十代の後半から三十代の前半にかけて猛烈な禅の修行をしているが、おそらくそうした参禅の体験で会得したものを思想として表現しようとしたとき、主客未分の純粋経験という考えがもっとも身近なものとして感じとられたのではないだろうか。それで純粋経験を唯一の実在としてすべてのものを説明しようとしたように思われる。

けれども西田自身は、『善の研究』の新版の序で、「私は何の影響によったかは知らないが、早くから実在は現実そのままのものでなければならない、所謂《いわゆる》物質の世界という如きものは此から考えられたものに過ぎないという考を有っていた。まだ高等学校の学生であった頃、金沢の街を歩きながら、夢みる如くかかる考に耽ったことが今も思い出される。その頃の考が此書の基ともなったかと思う」(①四頁)と記している。

また、晩年、「自分も始めのうちは色々懐疑に苦しみもしたが、大学を出たころには取るべき立場がきまり、その後それがぐらつくことはなかった」と語っている(高橋里美「西田幾多郎先生の言葉」)。これを見ると、『善の研究』の基本的な考えは禅体験以前にすでにできあがっていたことになるが、少なくとも純粋経験の思想が自覚的になったのは参禅を通してではなかったかと思われる。この点について西田自身も「禅の見方は実に独特なもので西洋にはない。これをもととして日本の哲学は立てらるべきものであり、そうしてこそ日本独自のものを世界の哲学に寄与することができよう」とも語っている(同前)。

いずれにしても西田の純粋経験説はマッハやジェームズの純粋経験説とは異なった要素をも

っている。たとえばマッハやジェームズはもっぱら認識論や実在論という観点から純粋経験を説いているのに対して、西田は同時に実践論や宗教論という観点からも純粋経験を説いている。「純粋経験を唯一の実在としてすべてを説明して見たい」と西田が述べているとおりである。

また、これと連関して、マッハやジェームズのいう純粋経験はどれも一様のものであるが、西田のそれは種々の段階をもったものとして考えられている。たとえば西田は、嬰児の意識も純粋経験であれば天才の神来(インスピレーション)も純粋経験であると語り、直接経験も純粋経験であれば知的直観も純粋経験であると語っている。したがって、同じく純粋経験といっても、低次の段階のものもあれば高次の段階のものもあり、高次の純粋経験は理想的な純粋経験と考えられるので、それは道徳や宗教の原理にもなりえる。この点はまったく、理論的ないし認識論的な観点から立論されたマッハやジェームズのそれとは異なっている。おそらくマッハやジェームズのいう純粋経験は西田のいう直接経験に近いものであったろう。「初はマッハなどを読んで見たが、どうも満足はできなかった」(①六頁)というのは、そのあたりの事情を語っているのかもしれない。

また西田は、個々の純粋経験の背後に統一的或者(あるいは根源的統一力)があって、前者は後者の内面的な発展の諸相であると考えていた。つまり純粋経験に個別的な純粋経験と普遍的な純粋経験があって、個物的なものは普遍的なものの顕現であると考えていた。これに対して、たとえばジェームズは、経験というのはその本性上、個人的であって、普遍的な経験などというのは一種の言語矛盾であるといっている。この点で、ジェームズの純粋経験説は多元論的であった。それは反ヘーゲル主義者としてのジェームズの一面をよくあらわしている。

西田は「純粋経験相互の関係及連絡に付いて」(一九一〇年)という小篇のなかで、ジェームズの純粋経験説では個々の経験が独立的であって、経験と経験との結合が何だか蝶番のように外面的に考えられているようだという印象を語っている。実際、ジェームズ自身、自分の哲学を「モザイク哲学」とも評しているので、西田の評言は当たっていると思われる。

けれども、マッハの場合は、必ずしも個人的な経験だけを考えていたわけではないようである。彼は『感覚の分析』のなかで、実在の要素としての感覚にとって重要なのはその連続性であることに触れたのち、「肝腎なのは自我ではなく、この内容である。が、この内容は個体に局限されない。個体が死んだ後にも、とるに足らない瑣末な追憶に至るまで、他人の裡で存続しつづける。一個人の意識要素は強固に結びあっているが、それにひきかえ、他人の意識要素との結びつきは弱く、偶に気付かれるにすぎない。そのため、各人は自分を不可分な・他人から独立な統一体だと考えて、自分についてしか知らないと思い込む。しかしながら、一般的な意味での意識内容は、個人という枠をつき破って、己れの母胎となった人格から独立に、――無論別の個々人と再び結びついて――普遍的・非人格的・超人格的な生存を続ける。これに寄与することが、芸術家、学者、発明家、社会改革家、等々にとっての無上の歓びである」(『感覚の分析』須藤吾之助・廣松渉訳、法政大学出版局、一九七一年、一九―二〇頁。傍点原文)。この一文を見るかぎり、マッハは普遍的な純粋経験というものをも視野に入れており、また純粋経験を必ずしも一律のものとは考えていなかったようにも思われる。このマッハの文章を、『善の研究』におけるつぎのような文章と比較するとき、その精神の同一性は明らかだろう。

「我々の思想感情の内容は凡《すべ》て一般的である。幾千年を経過し幾千里を隔てて居ても思想感情は互に相通ずることができる。例えば数理の如き者は誰が何時何処に考えても同一である。故に偉大なる人は幾多の人を感化して一団となし、同一の精神を以て支配する。此時此等の人の精神を一と見做すことができる」(①四六頁)。

3　根源的統一力とは何か

先にも述べたように、西田は純粋経験を個人的なものにかぎらず、その背後に統一的或者

（普遍的経験）の存在を考え、個々の純粋経験はそうした普遍的経験の内面的発展であると考えていた。この点に関して、「個人あって経験あるのではなく、経験あって個人あるのである。個人的経験とは経験の中に於て限られし経験の特殊なる一小範囲にすぎない」といい、「意識統一を個人的意識内に限るは純粋経験に加えたる独断にすぎない」といっている。西田哲学に一貫しているのは個物と普遍が一体不二であって両者は相即相入の関係にあるという信念である。それは後に「一般者の自己限定」とか「絶対無の自覚的限定」という思想に発展するのであるが、『善の研究』においても、「個体とは一般的なる者の限定せられたのである」（①二三頁）とか、「ヘーゲルなどのいったように、真の個人性というのは一般性を離れて存するものではない、一般性の限定せられたもの、bestimmte Allgemeinheit が個人性となるのである。一般的なる者は具体的なる者の精神である」（①一四九頁）とかいわれている。

この点が、とくにジェームズの多元論的な純粋経験説と異なるところであるが、西田のいう普遍的な純粋経験を仔細に見ると、彼は普遍的な純粋経験に二種類のものを考えていることがわかる。一つは個人の生涯にわたる純粋経験である。各人の個々の経験の背後には「統一的或者」があって、個々の経験はそうした普遍的意識の内面的な発展であると考えられている。西田はそうした普遍的意識を「統一的或者」とか「潜在的一者」とか「無意識的統一力」とかいった種々の言葉で表現し、『思索と体験』(一九一五年)では「動的一般者」とも呼んでいるが、おそらくそれはカントの「意識一般」にあたるものだろう。『善の研究』は純粋経験から出発して一種の個体主義の立場に立っているから、こうした普遍的な純粋経験についての用語法がまだ確定していなかったようである。周知のように、それは次作『自覚に於ける直観と反省』においては「自覚」とか、あるいは「自覚の自覚」としての「絶対自由意志」とかという用語で統一されるようになるのである。

この統一的或者はいわば相対的な普遍的意識であるが、その背後にさらに絶対的な普遍的意識の存在が考えられている。それは各々の個人的意識の背後にある普遍的な統一的意識であって、西田はそれを「根源的統一力」であるとか、「一大人格」であるとか、あるいは「神」であるとかいっている。この根源的統一力はまさしく宇宙の統一力であって、先の個人的な「統一的或者」はこうした統一力の内面的発展と考えられている。個々の純粋経験の背後に統一的或者があり、また個々の統一的或者の背後に根源的統一力がある。したがっていっさいのものはこの根源的統一力の顕現であることになる。それゆえ厳密な意味で一般者といわれるのは、宇宙の「根源的統一力」である。

すると、いっさいのものは同じ根源的統一力の発展の諸相と考えられるから、したがって本質的に差別がないということになるだろう。それで、たとえば私と汝のような個人的区別は第二義的なものだということにもなるだろう。実際、西田は「此の意識統一の範囲なる者が、純粋経験の立場より見て、彼我の間に絶対的分別をなすことはできぬ。若《も》し個人的意識に於て、昨日の意識と今日の意識とが独立の意識でありながら、その同一系統に属するの故を以て一つの意識と考えることができるならば、自他の意識の間にも同一の関係を見出すことができるであろう」(①四六頁)といっている。

このような「個人と個人との意識の連結と、一個人における昨日の意識と今日の意識との連結とは同一である」という趣旨のことは『善の研究』で繰り返し説かれている。したがって、それは西田の基本思想の一つと考えなければならない。実際、後期の著作においても西田は「自己の底に汝を見、汝の底に自己を見る」ということを繰り返し述べている。ここでいう「底に」というのは「絶対無」のことであるが、さしずめ『善の研究』ではそれは根源的統一力にあたっている。西田哲学における絶対無の観念の最初の形態はまさしくこの根源的統一力なのである。そしてこの点で、西田の考えは終始一貫しているといえるだろう。ただ用語法や表現の仕方が変わっただけである。

けれども、常識的な観点からすれば、なるほど昨日の私の意識と今日の私の意識が直接に結びつくというのはわかるが、それと同様、私の意識と汝の意識が直接に結びつくというのは理解しがたい。というのも昨日の私の意識と今日の私の意識は同じ私の意識であるが、私と汝はまったく別個の人格であるから、両者が同一の意識であるとはけっして考えることはできない。私の意識は私の意識であり、汝の意識は汝の意識である。

しかし本当にそうなのだろうか。私と汝はまったく別個の人格なのだろうか。仏教では刹那生滅ということをいう。刹那とは梵語 kṣaṇa の音訳である。時間の単位であって、きわめて短い時間をあらわす。一秒の六〇分の一程度の瞬間を指すといわれている。そうした刹那ごとに万物は生滅を繰り返しているのだと仏教は教える。もしそうだとすれば、昨日の私の意識と今日の私の意識は同じものではないことになるだろう。実際、私の思考や感情や願望は目まぐるしく変化している。けっして同一ではない。さっきはああしようと思っていたのに今はこうしようと思っている。さっきは泣いていたのに今は笑っている。こうした明白な変化にもかかわらず、われわれがそれを同じ私の意識だと考えるのは、そうした変化の背後に、既述したような普遍的意識すなわち統一的或者の存在を想定しているからである。それを統一的或者の内面的発展と考えているからである。

これと同じことが私の意識と汝の意識との関係についてもいえるのではないだろうか。分別的な立場からすれば私はあくまでも私であり、汝はあくまでも汝であって、私と汝はまったく別個の人格である。しかし私の意識も汝の意識も同じ根源的統一力の展開の諸相であるとすれば、その根源を同じくする私と汝が直接に結びつくと考えてもけっしておかしくはない。この点に関して、西田は「我々の意識の根柢には普遍的なる者がある。我々は之に由りて互に相理会し相交通することができる」(①六二頁)といっている。そしてこの考えを推し進めていけば、私は汝であり汝は私である、私と汝は別個の存在ではない、という自覚にまでいたることができるのではなかろうか。

それはあたかも満潮時には分離していた二つの岩が、干潮時には一つに結合しているのと同様である。海面レベルでは別個であるものが海底レベルから見ると同じものの二つの要素とみとめられる。どちらの見方が正しいかはそれを見る観点によって異なってくる。どちらも真理であり、どちらも錯誤である。ニーチェが客観的な真理の存在を否定し、真理の遠近主義(パースペクチスムス)を説くゆえんであろう。

禅の公案に「張公酒を喫して李公酔う」というのがあるが、これも同趣旨の主張といっていいだろう。張さんが酒を飲めば李さんが酔っぱらうというのであるが、これを分別の立場から見れば背理である。酒を飲んだのは張さんなのだから、酒を飲まない李さんが酔っぱらうというのは不合理である。実際、分別の立場に立つ儒教では、この言葉を「濡れ衣を着せられる」という意味で用いている。やってもいないことをやったと嫌疑をかけられるというわけである。しかし、これを無分別の立場から見れば、どちらも同じ普遍的意識のあらわれなのだから、少しも不合理ではないことになるだろう。そこでは、私と汝という二項対立の思考は止揚されている。この点についてはまた後に触れるが、こうした無差別的な世界を、西田は純粋経験の理想と考えていたようである。

4　純粋経験の諸段階

先に、西田の説く純粋経験はマッハやジェームズのそれとは異なり、けっして一律のものではなく、種々の段階を有していることを述べた。純粋経験はなんら分別の加わらない直接経験の状態でもあれば、いっさいの分別を超越した知的直観の状態でもある。意識以前の未意識の状態でもあれば、意識を超えた超意識の状態でもある。いみじくも下村寅太郎が評したように「主客未だ未分」の状態でもあれば、「主客既に未分」の状態でもある。この表現自体は不合理であるが、しかしそれは純粋経験の性質をよくとらえているといえるだろう。実際、西田は一方では彼我の分別もつかない嬰児の意識も純粋経験であるといい、他方では芸術家の神来(インスピレーション)や宗教家の三昧(サマーディ)のような物我相忘の境地もまた純粋経験であるといっている。彼は『善の研究』の最初のところで、純粋経験の事例として「一生懸命に断岸を攀ずる場合」と、「音楽家が熟練した曲を奏する時」をあげているが、なるほど両例は知覚の連続であるという点では共通していても、その意識統一の内容においては雲泥の差異がある。一方は主客の分離以前の直接経験の状態であるとすれば、他方は既に主客の分裂を超越した知的直観の段階である。

こうして純粋経験は、未意識的段階から意識的段階をへて超意識的段階にいたるまで、あるいは直接経験から反省的意識をへて知的直観の段階にいたるまで、さらには嬰児の意識から日常的な分別意識をへて天才の神来や三昧の境地にいたるまで幅広い段階を有している。感覚や知覚が純粋経験であれば、思惟や意志も純粋経験であり、知的直観も純粋経験である。だとすれば、あらゆる意識状態が純粋経験であるといえるだろう。実際、西田は感覚や知覚も一種の知的直観であるとさえいっている。それは、一見すると矛盾のようにも思われるが、既述したとおり、統一とか不統一とかいっても相対比較上のものにすぎないという考えにもとづいている。そこにはあらゆる分別を止揚しようとする西田の一貫した態度がみとめられる。

しかしながら、たとえば反省的思惟は明らかに主客の対立を予想している。反省するということは分別するということである。しかるにそれをも純粋経験であるというのは不合理ではなかろうか。主客未分と主客既分の意識状態がどうして同一の純粋経験であるのだろうか。その矛盾をついたのが高橋里美である。彼は西田の『善の研究』について書評を書き、その日本哲学史上における先駆者的意義を強調する一方、いくつかの疑問点をあげている。そのなかでとくに強調したのはこの点であった。

こうした高橋の批判に対して、西田は、統一の弱いものは弱いながらに、またその強いものは強いがままに、それぞれその統一の程度を有しつつ同じく純粋経験である、絶対的な純粋経験というものもなければ、絶対的に不純粋経験というものもない、という趣旨のことをいい、さらに自分が『善の研究』で目的としたのは、純粋経験を非純粋経験から区別することではなくて、むしろ感覚、思惟、意志および知的直観の同一型なることを論証することであったと語っている。そこに、いっさいのものを純粋経験から説明しようとする西田の一貫した意図がうかがえる。けれども高橋のような分別的思惟の観点から見れば、こうした西田の主張は論理的に整合性を欠いていることは否定できないように思われる。

また西田は高橋の批判に対して、「氏〔高橋〕は普通の心理学者や経験論者の様に純粋経験ということを内から見ないで、外から見て居られるのでもなかろうか、斯《か》くては純粋経験の真相を得ることはできぬと思う」(①二四五頁)と不満をもらしている。純粋経験は内からの体験であって、外からの思惟ではないといいたいのだろう。たしかに西田の立場から見ればそのとおりであろう。純粋経験は内面的意識の連続性である。しかし高橋のように、それを反省的思惟によって論理的にとらえようとする立場から見れば、西田の主張は明らかに矛盾である。そして、この点に彼の純粋経験説の弱点があることはみとめなければならないだろう。純粋経験を生きることと純粋経験を語ることとはけっして同一ではない。純粋経験を生きている立場からは純粋経験を語ることはできない。純粋経験を語るには一度、純粋経験の外に出る必要がある。しかし純粋経験の外に出て、外から純粋経験を見たときには、それはもはや純粋経験ではなく、分別的経験となってしまっている。

このように、純粋経験を語ることは純粋経験を離れることである。そもそも純粋経験を語るということ自体が矛盾なのである。おそらくそのことは西田自身も気がついていたと思われる。彼はある箇所で、純粋経験を説明することの難しさを語り、われわれがとらえた純粋経験は純粋経験そのものではなくて、純粋経験の空殻にすぎないものであろう、ともいっている。

西田の第二の主著は『自覚に於ける直観と反省』であるが、ここでは西田は純粋経験の直覚の立場ではなく、純粋経験が純粋経験自身を反省する「自覚」の立場へと移っている。それは「純粋経験を生きること」と「純粋経験を語ること」との統一の試みであるといっていい。自覚においては見るものと見られるものとが同一であり、純粋経験(直観)とその反省とは同一である。おそらくこうした西田の思索の進展に、高橋の批評が何らかの寄与をしたと考えるのは不当ではないだろう。

5　純粋経験と意識現象

西田は『善の研究』の第二編では、純粋経験という用語に代わってもっぱら「意識現象」という言葉を使用している。純粋経験という言葉をまったく使用していないわけではないが、意識現象という用語の方がはるかに頻繁に用いられており、同編の第二章のタイトルも「意識現象が唯一の実在である」となっている。こうした用語の違いは、第一編と第二編の執筆の時期の違いによるものと思われる。『善の研究』は第二編の方が先に執筆されているので、おそらく最初は意識現象という言葉が用いられていたのだろう。それが後にマッハやジェームズの著作を読んで、意識現象という用語を、当時の流行語の一つである純粋経験という言葉に変更したのではないかと思われる。

当時、アメリカのラサールにいた鈴木大拙から、ジェームズの「純粋経験の世界」や「意識は存在するか」等の論文が送られてきて、それを読んだのが、西田が「純粋経験」という言葉を用いるようになった一因ではないかと思う。

それはともかく、『善の研究』第二編「実在」ではそのタイトルのとおり実在論が展開されている。それを要約していえば、意識現象（純粋経験）が唯一の実在であって、いっさいのものは意識現象の発展の諸相である。その発展の仕方はまず全体が含蓄的にあらわれ、それよりその内容が分化・発展する、そしてこの分化・発展が終わったとき実在の全体が実現される。これを一言でいえば、一つのものが自分自身で発展完成するのである。

ここで西田が全体といっているのはおそらく普遍的意識のことであろう。それは動的一般者ともいわれているように不断の活動であって、絶えず自分を分化させながら発展している。いいかえれば分裂と統一を繰り返しながら自発自展している。いわゆる精神と自然は意識のこうした自己展開における分裂の状態においてあらわれる。したがって両者はそれぞれ独立した二つの存在であるのではなく、相即的な二つの契機にほかならない。意識はその分裂において「統一するもの」と「統一されるもの」に分化するが、その内、統一するものが精神と呼ばれ、統一されるものが自然と呼ばれるのである。したがって精神と自然は本来、別個の実体ではなく、普遍的な意識現象の二つの局面あるいは機能にほかならない。しかるに普遍的意識そのものは不断の活動であるから、「統一するもの」である精神は「統一されるもの」である自然に対して優位を占めている。

こうした考えはフィヒテの知識学における絶対的自我と、相対的自我および相対的非我との関係に類似しているといえるだろう。根源的な実在である絶対的自我は純粋活動(事行)であって、不断に自己自身を限定することによって自己自身を定立する。すなわち自己を制限することによって非我を定立し、そして制限された自我(相対的自我)と定立された非我(相対的非我)が相互に限定しあうことによって絶対的自我は無限に発展していく。自我は自己定立的活動であり、非我はそうした活動に対する障害である。自我の活動は非我の障害があってはじめて可能であるが、自我の活動がなければ非我の存在も意識されない。こうして自我すなわち精神と非我すなわち自然とは相即相入の関係にあるが、両者の根源は絶対的自我であるのだから精神の自然に対する優位は明らかである。

こうした絶対的唯心論の傾向は『善の研究』の第二編において顕著に見られる。それが西田の思想の原型であったようである。同編で西田が経験的事実の外に物自体の存在を仮定する力ントの哲学を独断論として批判する一方、バークリとフィヒテを徹底した批判的哲学者として評価しているのもこのことと関係があるだろう。それは、カントがバークリの哲学を独断論的観念論として批判しているのとは対照的である。

西田の実在観はおおよそ以上のようなものであったと思われる。それをもう少し整理し統一した形で示せば、つぎのようになるだろう。

まず意識現象が唯一の実在である。これは第一編で純粋経験が唯一の実在であるといわれていたのに符合する。この意識現象は不断の活動であって、つねに分裂と統一を繰り返しながら発展している。それはちょうど細胞が絶えず分裂しながら成長していくのと似ている。分裂が統一を生み、統一がふたたび分裂を生む。そしてこうした意識の内面的発展における分裂の状態のとき、意識現象は統一的方面と被統一的方面に分かれる。そして統一的方面あるいは機能は精神現象と呼ばれ、反対にその被統一的方面あるいは機能は自然現象と呼ばれる。一方は統一するもの、すなわち主観であり、他方は統一されるもの、すなわち客観である。さらにはその統一的方面の極限にいわゆる精神と呼ばれる実体の存在が想定され、また反対に、被統一的方面の極限にいわゆる自然と呼ばれる実体の存在が想定される。統一する働きがあるなら、その働きの本体がなければならず、統一される不変的現象があるなら、その現象の本体がなければならないというわけである。

しかし精神という実体はどこにもなく、また自然という実体もどこにもない。それどころか、およそ実体などというものはどこにもないのである。あるのはただ現象だけであって、現象を支持する基体はどこにもない。いわば現象が現象自身を支持しているのであり、作用が作用自身を支持しているのである。こうした事態は後期の西田哲学においてはノエシスのノエシスという用語で説明されるようになる。それはともかく、唯一存在するのは意識現象であり、またその分化の両側面としての精神現象と自然現象である。精神とか自然とかいうのは一つの仮構物にすぎない。

またいっさいの意識現象の根源は根源的統一力であり、各人の生涯にわたる意識現象すなわち統一的或者はこの根源的統一力の顕現である。だとすれば意識現象の統一的方面である精神現象が、その被統一的方面である自然現象に対して優位にあることは明白である。それで「実在は精神に於て始めて完全なる実在となるのである、即ち独立自全の実在となるのである」とか、「精神の発展に於て始めて実在成立の根本的性質が現われてくるのである」(①七五頁)とかいわれ、また第四編の「宗教」においても、実在の根底には精神的原理があって、この原理がすなわち神であると語られ、「物体に由りて精神を説明しようとするのはその本末を顚倒した者といわねばならぬ」(①一四三頁)といわれている。

けれども仔細に検討すると、西田のいう自然の観念は両義的である。一方では、いわゆる自然というのは具体的実在からその統一的方面すなわち主観的方面を捨象して作られた仮構物であるが、他方、具体的な自然は単に自然法則に支配される機械的で物質的なものではなく、自己の内に一種の自己つまり統一力をもったものであり、その部分と全体が有機的に結合しあっているような世界である。それはただ生物の生存本能などに見られるだけでなく、無機的な物質たとえば磁力や雪の結晶などにもみとめられる。そしてこの点からいえば自然も一種の精神であるといえる。シェリングは彼の同一哲学において自然と精神の同一性を主張し、自然は「目に見える精神」であるとか、「成りつつある精神」であるとかいっているが、西田の自然概念にもそうした考えがみとめられる。ただ西田の考えは、単なる観念論や唯心論というよりも、むしろフェヒナーやライプニッツのような汎心論に近いものであった。

6　純粋経験と道徳

『善の研究』の第三編は「善」となっている。ここでは純粋経験の立場から道徳や倫理の問題が論じられている。最初に、行為や意志や価値のような倫理学上の主要概念についての説明がおこなわれ、ついで古代から現代にいたるまでの主要な倫理学説について解説と批評がなされ、同編の後半では西田自身の倫理説が展開されている。これは旧制第四高等学校における「倫理」の講義草案をもとにしたものである。この頃、西田は西洋の主だった倫理学書を渉猟し、何種類ものノートを作成している。それらがこの編の基礎になっているのはたしかである。けれども西田は同時に、大西祝《はじめ》の『倫理学』からかなり啓発されていることが彼の日記や友人に宛てた書簡からうかがわれる。実際、両書を比較してみると随所に類似点が見いだされる（『大西祝選集Ⅲ 倫理学篇』岩波文庫、二〇一四年参照）。大西祝は清澤滿之《きよざわまんし》とともに西田がもっとも尊敬した先達であったが、ふたりとも不幸にして夭折した。晩年、西田はそのことを愛惜の念をもって語っている。

さて西田は従来の倫理学説を大きく二つに分類する。一つは他律的倫理学説であり、もう一つは自律的倫理学説である。他律的倫理学説というのは善悪の基準を人間の本性以外の何らかの権威や権力にもとめようとするものであり、反対に、自律的倫理学説というのはそうした基準を人間の本性の内にもとめようとするものである。西田は叙述の順序としてまず両説のどちらでもない直覚説をとりあげ、それが実際は直覚ではなく、内実は良心とか理性とかいったものにほかならないことを指摘し、ついで他律的倫理学説として権力説をとりあげ、それを君権的権力説（ホッブズ）と神権的権力説（ドゥンス・スコトゥス）に分けて論じ、その共通の欠点として、両説とも、どうしてわれわれがそうした権力に従わなければならないかの理由を説明できないことをあげている。

それで倫理学は自律的倫理学説でなければならないが、それを西田は人間の能力である知情意の三つにもとづいて、それぞれ合理説（主知説）、快楽説（主情説）、活動説（主意説）に分類し、その順序で論じている。そこには、既述したとおり、意志を精神の最高の能力と考える西田の価値観があらわれている。また、西田自身の倫理学が主意説の立場に立っていることはいうまでもない。

これらの倫理学説についての西田の所論をここで詳細に検討することはできないが、合理説についてはその理論的代表者としてクラークが、また実践的代表者としてキュニコス学派とストア学派がとりあげられ、ついで快楽説は利己的快楽説と公衆的快楽説に分類され、前者としてキュレネ学派とエピクロス学派が、また後者としては功利主義がとりあげられ、ベンサムとミルの所論が紹介され批評されている。そこには西田の卓見が随所に見られるが、全体としてみれば、いかにも教科書風というか概論的であって、当然のことながら西田独自の思想は希薄である。

さて西田自身の倫理学は活動説すなわち主意説である。活動説というのは、西田によれば、精神の三つの能力である知情意の内、意志をもっとも根本的な内面的要求と考え、この要求を満たすことが人生の目的であると考える立場である。

ではもっとも根本的な内面的要求とはいったい何であろうか。西田はそれを自己の発展完成であると考えている。いいかえれば本来の自己を実現しようとする要求である。この点に関して西田は、アリストテレスの「善とは人間の最も究極的な卓越性すなわち徳に即しての霊魂の活動である」という規定や、スピノザの「徳とは自己固有の本性の法則に従って働くことにほかならない」とする所見を自分の考えと合致するものとして援用しているが、同時に当時流行したT・H・グリーンの「自己実現説」から何らかの影響というか刺激をうけていることはたしかである。

西田は『善の研究』を出版する十五年以上も前に、「グリーン氏倫理哲学の大意」(一八九五年)というタイトルでグリーンの『倫理学序説』の紹介と批評をおこなっている。これは西田の学界へのデビュー作となったものであるが、全体として西田はグリーンの思想には批判的であった。山本良吉宛のいくつかの書簡で、グリーンの思想の通俗性に対して強い不満を漏らしている。また『善の研究』でも一度もグリーンの名前をあげていない。

さて西田自身の考えはどのようなものであっただろうか。西田は自己の内面的要求と実在の統一力は一体不二であると考えている。自己というのは内面的要求全体の統一に付した名称にほかならず、したがってそれは根源的統一力と別個のものではない。後者の発展の諸相が各人の自己なのである。また西田はこうした統一力を人格とも名づけている。そして人格というのは宇宙統一力の発動にほかならないといっている。この意味で、西田の倫理説は一種の人格主義である。実際、同編の第十章のタイトルは「人格的善」となっている。しかし彼の説く人格の観念は、たとえばカントのそれとは大きく異なっている。否、むしろその対極にあるといえるだろう。

カントの説く人格は道徳的主体としてのそれであって、理性的で自由であることをその本質としている。それは「物件」のように、手段としてのみあつかわれていいものではなく、同時に目的そのものとしてあつかわれるのでなくてはならない。こうしてカントは人格の尊厳を強調したが、そこでいうところの人格は人間性あるいは人類性そのものであって、そのようなものとして普遍性と合理性を有している。それは理性的存在者である私にもあてはまり、同じく汝にもあてはまるような性質のものである。

これに対して西田のいう人格は、どの人にも普遍的にあたえられた特質であるという点ではカントのいう人格と共通しているが、しかしそこに個性ないし個人性を承認している点でカントとは異なっている。人格が根源的統一力の発動だとすれば、その発動の仕方はけっして一様のものではなく、各人によって異なったものでなければならない、つまりはそこに個性というものがなければならないだろう。この点について、西田自身も「人格は其人其人に由りて特殊の意味をもった者でなければならぬ」(①一二二頁)といっている。

このように個性や個人性を重視するところに西田の倫理説の特徴がある。彼は個人の善ということはもっとも大切なもので、いっさいの善の基礎とならなければならないといい、また真の偉人はその事業の偉大にあるのではなく強大な個人性を発揮したからだといい、さらには「自己の本分を忘れ徒《いたず》らに他の為に奔走した人よりも、能く自分の本色を発揮した人が偉大であると思う」(①一二六頁)とさえいっている。西田哲学にはこのように個性を重視する個体主義的な考え方が一貫してみとめられる。

けれども、ここでいう個性や個人性とは、無論、私欲やエゴとは異なっている。むしろそうした自己――西田はそれを「偽我」とも呼んでいる――を徹底して否定し尽くしたところにあらわれるような性質のものである。「自己の全力を尽しきり、殆ど自己の意識が無くなり、自己が自己を意識せざる所に、始めて真の人格の活動を見るのである」(①一二四頁)と西田はいっている。したがって真の個性は自分を主張し肯定するところにあるのではなく、むしろ徹底して自己を否定し、自己を滅却するところにあるといえるだろう。西田が「物になりきる」ということをいい、「至誠」を重視するゆえんである。「至誠とは善行に欠くべからざる要件である」(①一二三頁)と西田はいう。こうした考えは後期の西田哲学においては「物となって見、物となって行う」とか「物の真実に行く」とかいった言葉で表現されている。

けれども、より正確にいえば、真の善行はこのように自己を否定して自己が物にしたがうのでもなく、反対に物の方が自己にしたがうのでもなく、むしろ自己と物との区別自体がなくなったときに実現するといえるだろう。「主客相没し物我相忘れ天地唯一実在の活動あるのみなるに至って、甫《はじ》めて善行の極致に達するのである」(①一二五頁)と西田はいい、またそうした境地を憎肇《そうじょう》の「天地同根、万物一体」という言葉で表現している。容易に理解されるように、それはまさしく知的直観の状態である。究極的で理想的な純粋経験は同時にまた善行の極致と考えられているのである。

7　純粋経験と宗教

『善の研究』の第四編では宗教論が展開されている。西田にとって宗教は学問道徳の根本であり、また哲学の終結であった。本編の最初の箇所でも西田は「人智の未だ開けない時は人々反《かえ》って宗教的であって、学問道徳の極致はまた宗教に入らねばならぬようになる」(①一三八頁)と述べている。

それでは宗教とはいったい何であるだろうか。西田によれば、宗教とはわれわれの自己の生命についての要求であり、その最深にして最大の根源的な要求である。それを西田は「我々の自己がその相対的にして有限なることを覚知すると共に、絶対無限の力に合一して之に由りて永遠の真生命を得んと欲するの要求である」(①一三五頁)といっている。この文章を見ると、いかにもキリスト教的な色合いが強く、実際、西田はパウロの「既にわれ生けるにあらず基督《キリスト》我にありて生けるなり」という言葉や、イエスの「十字架を取りて我に従わざる者は我に協《かな》わざる者なり」という言葉を引用して宗教的要求を説明しているが(同前)、しかし本質的には西田の宗教観は反キリスト教的であった。

というのも西田哲学はもともと内在的超越主義ともいうべき立場に立っていて、外在的超越的世界の存在を認めていない。したがって超越神や人格神の存在については否定的である。前にも指摘したように、西田は宇宙の根源的統一力を神と考えている。したがって神は宇宙の外に超越してあるものではなく、むしろこの宇宙の内なる根源に付した名称にほかならない。それで西田は概して汎神論に対しては共感的であるのに対して、有神論に対しては批判的である。この時期、西田はスピノザを愛読しているが、汎神論に対する親近感はあるいはこのこととい くらか関連があるかもしれない。

しかしこうした考えは西田哲学に固有のものであった。もともと西田は、世界と自己は一体不二であるという考えをもっていた。『善の研究』の第三編においても「梵我一如」の境地を道徳の理想として説いている。けれども、正確にいえば、西田の宗教観は汎神論(pantheism)というよりも、むしろ万有内在神論(panentheism)に近いものであったというべきだろう。それは、汎神論のように万物の内に神が内在しているというよりも、むしろ反対に、神の内に万物が内在しているという思想である。あるいは万有内在神が同時に神内在万有でもあるような神観といえるだろう。そこでは神と万有が一体不二なるものとして考えられている。これを有神論の立場から見れば一種の神秘主義ということになるだろう。

宗教の本質についての西田の考えもここからでてくる。西田の考える神は宇宙の内面的統一力であって、われわれの自己はそうした統一力のあらわれである。だとすれば神とわれわれの自己とは本来、異なったものではなく神人同性的でなければならない。神は宇宙の根本であると同時に、われわれの自己の根本でもある。したがってわれわれが神に帰するということはわれわれの本《もと》に帰するということである。精神において同一の根底を有するものは同一の精神であり、したがってわれわれの精神は神と同一体である。それで「われわれは神において生きる」というのは単なる比喩ではなく事実である。まさしく宗教の本質はこうした神人合一の意義を獲得することにあるのである。西田をそれを「我々は意識の根柢に於て自己の意識を破りて働く堂々たる宇宙的精神を実験するにある」(①一四一頁)といっている。

『善の研究』における西田の宗教論のもう一つの特徴は、宗教が道徳の延長上に考えられていることである。この時期、西田は純粋経験を唯一の実在としていっさいのものを説明しようとした。したがって道徳の理想も宗教の極致もともに純粋経験によって説明されている。すなわち西田のいう知的直観の境地がそれである。道徳論ではそれは「主客相没し物我相忘れ天地唯一実在の活動あるのみ」の状態が善行の極致といわれ、宗教論ではそれを「神人合一の境地」であるといっている。

けれども中期以後になると、道徳と宗教との関係が見直され、宗教は道徳の根本ではなく、むしろ道徳の揚棄であると考えられるようになってくる。道徳の延長上に宗教があるのではなく、いっさいの道徳的なものが否定し尽くされたあとにはじめて宗教的意識があらわれるのである。いっさいの自力的なものが完全に掃蕩し尽くされたあとにはじめて信仰というものがあらわれる。そこに回心がなければならない。回心とは、文字どおり、われわれの自己が変換することであって、今まで自己の側から見ていたものが、反対に世界の側から見られることである。

たしかに『善の研究』においても宗教は自己の変換であり、生命の革新であって、「一点尚《なお》自己を信ずるの念ある間は未だ真正の宗教心とはいわれない」(①一三五頁)と述べられているが、道徳と宗教の相違についてはなんら触れられていない。この時期、西田が道徳と宗教の異同について明確な意識をもっていなかったことはたしかであろう。『善の研究』においては宗教が道徳の延長上に考えられているというよりは、もともと西田の道徳観が宗教的であったといった方が正しいかもしれない。いずれにしても道徳と宗教との間に明確な区別はもうけられていない。いっさいのものが純粋経験であって、その究極が宗教であり、宗教は「学問道徳の根本」であると考えられている。

第二章

自覚

――見るものと見られるもの

我々に直接に与へられるものといふ意味が概念的知識
以前の具体的経驗といふことであるならばそれは我々
の意志に對して与へられるものでなければならぬ我々
の行為に對して与へられるものでなければならぬ無論

研究ノートから

西田哲学は真正の自己の探究であることは再三述べた。しかるに西田においては自己の探究は同時に世界の探究でもあったから、この真正の自己の探究は同時に根源的実在の探究でもあった。西田がつねに形而上学に関心をもっていたゆえんである。『善の研究』では形而上学的実在は「根源的統一力」という言葉で表現されていたが、次作『自覚に於ける直観と反省』では「自覚」という言葉で、あるいはより正確にいえば、「自覚の自覚」である「絶対自由意志」という言葉で呼ばれるようになる。

西田は『善の研究』では、いっさいのものを純粋経験から説明しようとした。嬰児の意識も純粋経験であれば天才の神来も純粋経験であった。意識以前の未意識の状態も純粋経験であれば意識を超えた超意識の状態も純粋経験であった。したがってその中間にあるあらゆる分別的意識もまた純粋経験と見なされた。実際、西田は感覚や知覚だけでなく、記憶や判断もまた純粋経験であるといっている。

けれども純粋経験が主客未分の統一的意識現象であるとすれば、知覚や判断などの反省的思惟はもはや厳密な意味では純粋経験とはいえないだろう。反省は明らかに主観と客観の分離を前提しているからである。しかるに西田は統一とか不統一とかいっても相対比較上のものにすぎないとか、不統一や分裂の状態はさらなる統一への不可欠の契機であるという理由で、それらもまた(広義の)純粋経験であると考えていた。意識の分裂的状態である分別的思惟は普遍的な意識現象の分化・発展における不可欠の契機であるというのである。

しかし論理的観点から見れば、それはいかにもおかしい。反省的あるいは分別的思惟は純粋経験にとっては外なる契機である。したがって、それを純粋経験によって説明しようとするのは不合理である。それゆえ純粋経験と反省的思惟を結合するさらなる原理がもとめられる。そしてそうした原理は経験(直観)と思惟(反省)を自己の内に含んだものであり、それらを自発的な自己の発展の二つの契機とするようなものでなければならない。それが西田のいう「自覚」である。こうして純粋経験は純粋経験自身の自覚へと進展していく。

1　自覚の概念

直観というのは、主観と客観がまだ分かれていない、知るものと知られるものとが一つであるような、現実そのままの、不断進行の意識である。反省というのは、この進行の外に立って、翻《ひるがえ》ってこれを見た意識である。どうしても直観の現実を離れることができない自己はどうすれば直観を反省することができるだろうか。

西田によれば、こうした直観と反省の内面的関係を明らかにするものは自覚である。というのも自覚においては、自己が自己の作用を対象として、これを反省するとともに、反省するということが新たな自己を直観することであるからである。反省するということは自己に「或るもの」を加えることである。自己が発展するということである。こうして反省が直観を生み、直観が新たな反省を生んで、自己は無限に発展していく。自覚の意識においては反省は外から加えられた偶然の出来事ではなく、じつに意識そのものの必然的性質なのである。

このような自覚の観念を形成する際、西田はジョサイア・ロイスの「自己表現的体系」(self-representative system)の思想からヒントを得ている。ロイスは『世界と個人』(一八九九―一九〇一年)の「補遺」において「自己表現的体系」なる思想を展開している。それはいっさいの自己の思惟を完全に自己自身の思惟として意識している「完結した自己」(completed Self)のことである。そしてそうした自己の事例として、彼は英国にいて英国の地図を描く場合をあげている。英国にいて完全な英国の地図を描こうとすれば、描かれた地図のなかにその地図自身も描かれていなければならない。そしてまたその第二の地図に完全な英国の地図が描かれるためには、さらにその地図のなかにその地図（第三の地図）自身も描かれていなければならず、こうして無限につづく。あたかもそれは何層にも重なった重箱のようなものである。

ロイスのこうした「完結した自己」の思想はデーデキントの無限論を下敷きにしたものである。デーデキントは『数について』という本のなかで、無限を定義して「集合Sは、もしそれ自身の真部分集合に相似ならば無限である」といい、その事例として自己の思考界をあげ、「私の思考の世界、すなわち私の思考の対象となりうるあらゆる事物の全体Sは無限である」といっている。というのも、もしsがSの要素であるとすると、sが私の思考対象でありうるという考えs′はそれ自身Sの一つの要素であるからである。

西田の自覚の思想にはこうした自己写像的体系の考えがその根底にある。この点について、西田は『思索と体験』に収録された論文「論理の理解と数理の理解」のなかで、つぎのように述べている。

「或体系が自分の中に自分を写し得る時に無限である〔……〕デデキントも「自分の思想の対象となり得る自分の思想界は無限である」といって居る、即ち或物が自分の思想の対象となることが出来るという思想はまた自分の思想界に属するのである。我々は我々の反省的意識に於て、自己を思惟の対象とすることを又自己の思惟の対象とすることが出来る。斯くして恰《あたか》も両明鏡の間に映ずる影の如く、又ロイスが挙げて居る英国に居て英国の完全なる地図をひく例の如く無限に進んで行くのである。此処に所謂無限の真相がある」(①二一三頁)。

これを見ると、西田が自覚の観念を形成するとき、『華厳経』の重重無尽の思想もまた彼の念頭にあったようである。

けれども、ロイスのいう自己表現的体系と西田の考える自覚的体系との間には顕著な違いがある。ロイスの自己表現的体系というのは——デーデキントの無限論もそうであるが——ただ全体と部分が「一対一」の静的な対応関係にあるというものであるが、西田の自覚的体系は全体が部分に分化・発展していく動的過程であると考えられている。西田はロイスのいう「英国の地図」を説明するとき、「或一枚の地図を写し得たということが、既に更に完全なる地図を写すべき新なる企図を生じて来る」(②一四頁)といっているが、こうした考えはロイス自身にはない。完全な英国の地図にはその地図自身も描かれていなければならないといっているだけである。

このように自覚的体系を不断の動的な過程と考えている点で、むしろ西田の自覚の概念はフィヒテの「事行」(Tathandlung)の観念に近い。もともと自覚という用語は、フィヒテのSelbstbewußtseinの訳語として用いられたものであった。この時期、西田は西洋の流行思想であった新カント学派の論理主義とベルクソンの生の哲学を綜合統一すること――西田はそれを価値と存在、意味と事実との結合の問題と考えているが、むしろ論理と直観との綜合の問題といった方がいいだろう――が現今の哲学的課題であると考え、その結合をフィヒテの事行の観念にもとめた。この点について、西田は「フィヒテに新らしき意味を与うることに依って、現今のカント学派とベルグソンとを深き根柢から結合することができると思うた」(②五頁)と語っている。

したがって自覚は、一方では『善の研究』における純粋経験(直観)と反省的思惟の結合という課題に応えるものであったと同時に、当時の西欧の流行思想であったベルクソンの「生の哲学」(直観主義)と新カント学派の認識論(論理主義)の綜合という課題に応えようとするものでもあったといえるだろう。西田のいう「自覚」はこの二つの課題を同時に解決する方途として考えられたものである。そして彼はフィヒテの事行の観念に近い、意識の自覚的発展という考えによって、その問題の解決を図ろうとしたのである。

2 事行と自覚

一般にフィヒテの哲学は自我哲学と呼ばれている。この点でフィヒテの哲学はデカルトの哲学に似ている。それは自我を究極の原理と考え、またその働きによっていっさいのものを説明しようとする立場であるといってよい。しかし、デカルトは自我を実体と考えたがフィヒテはむしろ純粋な活動だと考えた。まず自我という存在があって、自我の活動があるのではない。反対に、自我の活動があって、その活動が自我の存在を定立するのである。否むしろ活動があるということが自我が存在しているということであり、自我が存在しているということは活動があるということである。フィヒテはそれを「事行」と呼んだ。西田は、こうしたフィヒテの自我の観念を、従来の実在概念を転換するものとして高く評価している。

フィヒテは『全知識学の基礎』の最初のところでつぎのように述べている。

「自我の概念あるいは思惟は自我自身に対して作用することである。そして逆にそうした自我に対する作用が自我の思惟をあたえる」。

「自我自身による自我の定立は自我の能動性である。――自己は自己自身を定立する、そして自己自身による単なる定立によって自我は存在するのである。また逆に、自我は存在する――自我は働くものであると同時に活動の所産である。能動的なものであると同時に能動性によって生み出されるものである。活動(Handlung)とそこから生まれた事(Tat)とは絶対的に同一である。したがって自我は存在するという命題は一つの事行(Tathandlung)を表現している」。

こうしたフィヒテの考えを、西田は「自我は自我である」という同一判断を例にして、つぎのように解釈している。この判断における「自我は」という第一の自己と、「自我である」という第二の自己は、両者をともに思惟の対象として見て、その結果、両者が同一であるというのではない。つまりそれは対象的同一性をいうのではない。そうではなくて「思惟される自己」が直ちに「思惟する自己」であるというのである。つまりそれは自己の超越的同一性の自覚――フィヒテのいう知的直観――を表現したものである。これをいいかえれば、「自我は自我である」という命題は、二つの意識の根底にある統一的意識の表現であり、内面的当為の意識である。そしてこの「自我は自我である」という当為の意識は、その一面に「自我はある」という事実を含んでおり、また「自我はある」という事実は、その一面に「自我は自我である」という当為を含んでいるから、この具体的全体を「事行」と表現することができる。そして西田はこのような統一的意識作用ないしはその具体的全体を「自覚」と呼び、それを「自己が自己を見る」とか「自己が自己を写す」という定式で表現した。

したがって、西田の「自覚」の観念には、ロイスやデーデキントの自己写像説とフィヒテの事行的発展の思想がその要素として含まれている。自覚においては、自己が自己を写すということが同時に自己が発展していくことである。自己が自己を直観するということは自己を反省することであり、自己を反省するということは新しい自己を直観することである。こうしたいわば自己写像的発展という「自覚」の概念によって、西田はいっさいの学問体系を基礎づけようとした。

3　論理的体系について

では論理的体系はどのように説明されるか。

「甲は甲である」という同一の原理は論理的当為の陳述である。この命題における真の自己同一者は主語の甲でも述語の甲でもなくて、両者の根底にある一般者としての甲であり、主語の甲と述語の甲はその二つの構成要素である。前にも述べたように、判断は主語と述語の結合ではなく、一般者の自己分化ないしは自己限定である。いいかえれば一般者の内面的発展である。「真の判断の意識とは我々が直《ただち》に内から体験する意識それ自身の内面的発展の経験である」(②三九頁)と西田はいっている。

ところで、西田によれば、論理学におけるこうした同一の原理が成立するためにはわれわれの自己の自覚的発展がなければならない。判断とは主語と述語の結合ではなく、一般者の自己分化あるいは自己限定であり、意識の内面的発展である。「甲は甲である」という同一の原理は主語と述語の根底にある一般者としての甲の自己限定であるように、「自己は自己である」という同一判断の基礎にあるのは超越的な自己であって、その超越的な一般的自己が自らを主語と述語に分化することによって「自己は自己である」という判断が成立する。その場合、「自己は自己である」という判断は「自己は自己である」という事実を表現していると同時に、「自己は自己であるはずである」という当為をも表現している。そこでは事実は同時に当為である。

そしてこうした事実即当為としての自覚がいっさいの論理的判断を基礎づけている。というのも、そもそも「自己は自己である」という意識の同一性の自覚がなければ「甲は甲である」という同一判断は成立しないからである。「甲は甲である」ことができるのは「自己は自己である」ところにおいてである。こうして西田は「自己が自己を見る」という自覚の形式によっていっさいの学問を基礎づけようとした。

4　数理的体系について

では数理的体系はどのように説明できるか。

論理と数理は同一ではない。論理は数理よりも一般的である。したがって論理の世界から数理の世界に展開していくには、論理に「或るもの」が付加されなければならない。すなわち純粋に形式的な論理に、ある内容がつけ加わらなければならない。では、そのつけ加わるべき、ある内容とはいったい何であろうか。

周知のように、カントはそれを「純粋直観」(reine Anschauung)の形式だといい、またリッケルトはそれを「同質的媒介者」(homogenes Medium)であるといった。これに対して西田は、論理に付加されるべき「或るもの」は、このように論理の外にあるものではなく、論理の内にあるもの、そして論理自身の内面的発展から必然的に出てくるものであると考えた。すなわち数理は論理的思惟の自覚的発展の一形式である。

西田によれば、意識の自覚的発展は創造的発展である。ベルクソンのいうエラン・ヴィタール(élan vital 生命の飛躍)である。そして意識の自覚的発展を、その内容に関係なく、純粋に形式的に考えたものが論理の体系であり、また数理の体系である。

前述したように、「甲は甲である」という同一判断は意識内容の自己同一性を意味していた。しかしこの自己同一的な「甲」はさらに大なる統一ないしは体系において反省されうる。そして、このようなより大なる統一ないし体系から「甲」を反省するということは、「甲」を「非甲」に対立させ、そこからもう一度「甲」を見直すということであり、これによってリッケルトのいわゆる「同質的媒介者」という数学的立場が出てくるのである。

この点をリッケルトの論文「一者、統一、および一」(„Das Eine, die Einheit und die Eins")に沿って説明してみると、つぎのようになる。リッケルトはまず論理的対象として一者(das Eine)をあげ、つぎにこれに対してその対立者(das Andere)を加え、最後にこの両者を綜合する統一者(die Einheit)を考える。これだけがわれわれの思惟そのものの性質にもとづく純論理的な対象であるが、これ以外のものはすべて非論理的である。

しかし、こうした論理的概念だけによってはけっして数の概念は導かれえない。論理的対象としての一者(das Eine)と数の一(die Eins)はまったく異なった概念である。ただ、一者と他者がその性質的対立の意味を失い、自由にその位置を交換しうると考えることによってはじめて

1＝1という等式が導かれるのである。けれどもこのような自由交換ということはけっして論理的概念からは導出されないのであって、そうした自由交換は論理的な異質的媒介者(heterogenes Medium)に代わって同質的媒介者(homogenes Medium)をもってすることによってはじめて可能となるのである。このような媒介者の同質性が数の概念の成立に不可欠の要素である。

5　経験的諸体系

では経験の諸体系も、思惟の諸体系と同様、自覚的発展の形式にもとづいているといえるだろうか。

その点を解明するには、思惟の体系と経験の体系との差異および相互の関係を明らかにしておかなければならない。そしてそのためにはまず、種々の体系の性質およびその相互の関係を明らかにする必要がある。

まず感覚的経験とは何であろうか。一般には、感覚の対象は感覚作用の外に、感覚作用から独立して存在していると考えられている(実在論)。しかし、西田は、すべての意識対象は意識に内在的であり、したがって感覚も意識である以上は、その対象を自己の内に含んでいると考える（観念論）。意識の対象は観念であって実在ではないと見るのである。そしてこの点では、彼の考えは新カント学派の見解と一致している。しかし同時に、西田によれば、感覚も一つの自覚的体系であって、具体的な感覚は、ある自覚的な一般者が自己自身を限定する過程である。思惟にあたえられたものは思惟と異なったものではない。思惟は思惟自身が構成したものを認識するのである。したがって思惟によって限定されないような具体的意識などというものはない。

たとえば「甲は甲である」という場合、既述したように、後の甲が前の甲を認識するのではない。むしろ両者の根底にある全体としての当為の意識が「甲は甲である」と認識するのである。ある一つの感覚の性質を認識する場合も同様であって、そうした性質をいっそう深い立場から統一するのである。つまりある具体的一般者が自己自身を限定したものとしてそれを見るのである。こうして認識の意識と感覚の意識とは別のものではなくて、後者は前者の特殊的形態である。時間の上においては後と考えられる認識の意識は、価値の上においてはかえって高次的な意識である。

以上のような考えにはコーヘンの「内包量」（intensive Größe）の概念の影響がみとめられる。周知のように、カントは内包量を感覚のもつ「度」（たとえば「明るさ」や「色」の度合い）として心理主義的に考えたのに対して、コーヘンはそれを実在自身のもつ度合いとして考え、こうした内包量が外延量(「重さ」「長さ」などのように加算できる量)を哲学的に基礎づけると考えた。こうした考えは先の認識の意識と感覚の意識についての西田の考えと符合している。

この点は、西田自身も率直にみとめているが、しかしコーヘンは新カント学徒としてあくまで認識論の枠内にとどまり、意識作用の起源を問うことをしなかった。これに対して西田は、意味の世界と実在の世界を結合するには「意識はどうして創造的でありうるか」の問題の考究が不可欠であると考え、またそのためには意識作用の起源を検討する必要があると考えた。この点について、西田は「余は〔……〕「知覚の予料」に関するコーヘンの創見に深い興味を見出した。併しコーヘンは意識状態を説くも、意識作用の起源に就て尚深い思索を欠いて居る、而して此点が意味の世界と実在の世界との分岐点として深い考究を要するものと思う。余は認識論を以て止《とどま》ることはできない、余は形而上学を要求する」(②七頁)と述べている。

では意識はどうして創造的でありうるのだろうか。また意識作用の起源はどこにもとめられるだろうか。

西田は、意識作用というものを無限なる全体の自己限定作用と考え、意識と無意識との関係をあたかも有限と無限との関係、あるいはコーヘンのいう x と dx との関係と考えた。たとえば、ある直線を意識するということは無限級数というようなものが自己自身を限定することであると考えられる。すなわち、われわれが有限な一直線を意識するのは、無限な連続的直線の一限定として意識するのである。そしてこのような連続的直線の根本的意識として、具体的経験の創造的体系というものを考えることができる。こうした考えは個物を一般者の自己限定と考える『善の研究』以来、西田に一貫したものである。

しかしながら、理念はどのようにして現実となるのであろうか。あるいはまた一般者の限定作用の起源はどこにあるのだろうか。これは解決しがたいアポリアである。前者に関しては西田は「プラトンの理念は如何にして現実に堕してくるか」を説明するのは容易ではなかったと追懐し、後者に関しては、結局、問題は「意識する意識」をどうしたら意識の立場からとらえることができるかということである、と語っている。きわめて当然のことではあるが、意識する意識は、それを反省する意識の立場からはとらえることはできない。もし仮にそれがとらえられるとするならば、そのときには、さらにそうした反省的意識を反省する意識の存在を必要とするだろう。こうして反省的意識は無限に遡源して、結局、その究極にいたることはできない。

そこで西田は、純粋思惟の対象の意識はそうした作用の体験をも包含していると考えることによってこの難点を回避しようとし、真の主観は客観を構成する作用であると考えた。すなわち真の主観は主観・客観の対立を超越した純粋活動である。いわゆる主観とは、大なる統一の立場から見て、小なる立場の統一作用であり、いわゆる客観とは、こうした統一作用によって統一されたものである。ここには『善の研究』における根源的統一力と、その分化としての精神現象および自然現象との関係と符合する思惟様式が見られる。しかしながら、大なる立場から反省されたものは、もはや客観的対象であって、主観ではない。真の主観はどのような意味でも反省されえないものでなければならない。いいかえれば、それは「意識する意識」であって、「意識された意識」ではない。

この時期には、西田はまだ「自覚」の立場に立っていて、反省的思惟の極限である「絶対自由意志」の立場には到達していなかった。それで、彼は反省的思惟を超越した「意識する意識」を反省的思惟の立場からとらえようとしたが、結局、なんら解決の糸口を見いだせないままに終わった。そして、ついに真の主観すなわち「意識する意識」の認識可能性の問題を断念して、その作用についての議論に転じ、終局的には、コーヘンの極限概念によってすべての自覚的体系を説明しようとしている。

「極限」とは、「或一つの立場から到達することのできない高次的立場であって、而かも此立場の成立の基礎となるものである」(②九頁)。いいかえれば、それはある立場から他の立場への移行を誘導するものである。ア・プリオリとア・プリオリを結合するものである。したがって、それは一つの、より大なる全体的立場であって、このような立場は一種の非合理的な直覚を要求する。つまり、そこに一種の飛躍がなければならない。西田によれば、一つの体系と他の体系とはこのような極限概念によってはじめて結合されるのである。たとえば、既述したように、論理の体系から数理の体系への移行は、数理が論理の極限であると考えられることによってはじめて可能となるのである。「甲は甲である」という同一の原理の根底には、数理の基礎となる「同質的媒介者」がなければならない。したがって、数理は論理に対してあたえられたものとして考えられることを要求するのである。しかし、その場合、論理が数理を要求するのではない。論理＋数理の全体がこれを要求するのである。このように、「我々の背後には何時でも全体がある」(②一四〇頁)と西田はいう。

　以上のように、自覚の思想は極限の概念と結びつくことによって、その内なる非合理的性格がいっそう鮮明になってくる。自覚的体系においては、ある体系からある体系への移行は「単に ὄν から起るのではなく、ὄν＋μὴ ὄν の全体より起る」(②一四〇頁)、あるいは、単に理性より起こるのではなく理性＋非理性の全体より起こると西田がいうとき、彼はすでにわれわれの思惟の届きえない極限として「絶対自由意志」の存在を想定しているのである。「思惟の達することのできない深さ、思惟体系の統一の極限、即ち積極的には自動不息なる此現在、それが意志である」(②二一一頁)。思惟の体系から見れば、意志は不可解な無限であって合理的に説明できないものである。しかし反省できない意志は、反省を超越して、かえって反省を成立させる根拠である。否それどころか、反省それ自身が一種の意志である。こうしてあらゆる自覚の根底には非合理的な意志がある。したがって自覚の立場は必然的に絶対自由意志の立場に進展していかなければならない。

6　絶対自由意志とは何か

絶対自由意志はあらゆる自覚の根底であり、自覚の自覚であり、自覚の根源である。それはあらゆる思惟の極限であり、あらゆる意識を超越した「意識する意識」である。それは知識以上の「或るもの」であり、自覚的体系の背後にあって、これを支持している「測知し難き無限」である。

西田が自覚的体系の背後に絶対自由意志の存在を想定するようになったのは、直接的には、経験の諸体系を純粋思惟と同じ自覚的体系から導出することの困難さから来ているが、しかしそれと同時に、自覚があるア・プリオリの立場から各々の世界を統一したものであるとすれば、その究極において、すべての自覚的体系を統一する根源的実在がなければならないという理由による。反省的思惟は反省そのものを反省することはできない。反省的思惟を反省するのはすでに反省的思惟を超越したものである。西田はこのようなあらゆる自覚的体系の統一の可能性の根源を「絶対自由意志」にもとめる。絶対自由意志は反省的思惟を超越するとともに、反省的思惟を成立させる根拠であって、いわば「自覚の自覚」であり、ア・プリオリのア・プリオリである。したがってこの意味では、絶対自由意志は思惟体系の極限であり、また種々の作用の成立の根源である。そして種々の世界はこのような絶対自由意志の自覚的体系として位置づけられる。

こうした絶対自由意志の概念は、ベルクソンの「エラン・ヴィタール」の思想とコーヘンの「極限」の思想を綜合したものであるといえるだろう。西田自身、「我々の意志というのは極限の意識である、アプリオリからアプリオリに移る場合の意識である、我々の意識がエラン・ヴィタールに接触する所、そこに意志がある」(②二〇一頁)と述べている。

思惟と違って、意志はつねに具体的である。そして具体的なものは創造的である。したがって意志は創造的であり、エラン・ヴィタールである。論理の体系から数理の体系へ、また思惟の体系から経験的諸体系への飛躍の根底には意志がある。この意味で、意志は純粋に内面的な創造力である。しかし意志は、ベルクソンの「純粋持続」とは異なって、一瞬の過去にも帰ることのできない直線的な性質のものではない。真に創造的な意志は一つのア・プリオリから他のア・プリオリに自由に移行する。

また意志は「或一つの立場から到達することのできない高次的立場であって、而かも此立場の成立の基礎となるものである」という点では、一つの極限である。否むしろ意志はもっとも具体的な根源であり、ア・プリオリのア・プリオリであるという点では究極的な極限である。西田も、「意志は知識の極限である」(②二〇八頁)といい、「思惟体系の統一の極限」(②二一一頁)である、といっている。

しかし、コーヘンの極限概念は認識論的意義を超えてはいなかったのに対して、西田の絶対自由意志の概念は同時に発出論的傾向を有し、したがってまた形而上学的意義を有するものであった。そして、こうした形而上学的傾向は『意識の問題』(一九二〇年)や『芸術と道徳』(一九二三年)にいたるとさらに顕著になり、それは一種の「意志の形而上学」にまで発展する。そのことは、西田の絶対自由意志の概念があくまでフィヒテ的「事行」の概念を基礎としていることを物語っているといえるだろう。

7　種々の世界

西田は『自覚に於ける直観と反省』において、「自己が自己を見る」という自覚の形式によっていっさいのものを説明しようとした。それはちょうど『善の研究』において主客未分・物我相忘の純粋経験によっていっさいのものを説明しようとしたのと軌を一にしている。そして『善の研究』において、個々の純粋経験の根底に普遍的な純粋経験である「根源的統一力」や「統一的或者」の存在を想定し、前者を後者の分化・発展の諸相として説明したように、『自覚に於ける直観と反省』において、個々の自覚的体系の根底に「自覚の自覚」あるいは自覚の極限ともいうべき「絶対自由意志」の存在を想定し、前者を後者の展開ないし顕現の諸段階として位置づけようとした。「根源的統一力」にしても「絶対自由意志」にしても一種の形而上学的な存在であり、また神秘主義的性格の濃いものである。西田哲学には一貫して個と普遍の相即相入の思想がみとめられる。

『自覚に於ける直観と反省』の末尾において西田は、絶対自由意志からいっさいの自覚的体系を導出しようとしている。西田によれば、「我々の経験全体を絶対意志の否定的統一の対象界として見ることが出来る」(②二六五頁)。ここで西田が「否定」といっているのは「反省」というのとほぼ同義であって、絶対自由意志は自己を否定、すなわち反省することによって自己を思惟的世界として顕現するのである。思惟は絶対自由意志の否定の立場として位置づけられる。そしてこの思惟が否定作用として独立に考えられたとき、思惟はそれ自身の対象界を有する。それが数理の世界である、と西田はいう。また思惟の立場から経験全体を統一してみたものがいわゆる実在界であり、この見方を徹底させたものが物理学的世界である。

これに対して、いわゆる実在界を原経験の形に再構成してみたもの、いいかえれば絶対意志の肯定の方向に歴史的・道徳的・人格的世界が考えられる。そしてこの物理学的世界と歴史的世界の中間に化学的世界、生物学的世界、心理学的世界等が考えられる。

さらに、絶対意志の直接の対象界、すなわち絶対意志の否定即肯定の世界が芸術と宗教の世界であって、ここではいっさいのものは象徴であり、自由な人格である。それで、自然科学的見方を絶対意志の対象的否定の方面だとすれば、歴史的見方は反対に、その相対的肯定の見方ともいうことができる、これに対し、芸術や宗教の世界は絶対意志の否定即肯定であるような具体的世界であるということになるだろう。

また物理学的世界から歴史的世界に接近するにつれて、われわれは具体的世界に近づくのであり、後者は前者の目的となる。したがって絶対意志そのものはあらゆるものの「究極目的」である。西田によれば、このもっとも具体的な絶対意志の世界こそ「直接経験」の世界であって、通常、われわれが直接的な具体的世界と考えている感覚的世界はかえって抽象的で間接的な世界にすぎない。すなわちそれは反省的思惟の所産である。このように、一つの根本的立場からあらゆる世界を位置づけて説明しようとするのは『善の研究』以来、西田哲学の一貫した特徴であって、それはいわゆる「場所」の時期においても、また「絶対矛盾的自己同一」の時期においても共通してみとめられる。

絶対自由意志はもっとも直接的で具体的な実在であり、絶対的創造であって、そこからいっさいの世界が産出される。ここに、最初、思惟の極限と考えられた絶対意志に新たに発出論的傾向が加わり、それにつれて西田の思想は形而上学的色彩を帯びるようになる。実際、彼は『自覚に於ける直観と反省』の末尾において、不完全ながら一種の「意志の形而上学」を展開しており、またそうした傾向は『意識の問題』や『芸術と道徳』においてさらに顕著になっている。

たとえば『意識の問題』においては、つぎのように説く。意志の本質は、内から外への注意の移行であるとか、主観的内容を客観化するとかいうことにあるのではなく、いわゆる主客の対立や、物心の対立は意志の上において成立する。われわれは意志の自覚において、主客の対立を超越し、これを包容する具体的実在の世界に入る。意志とは、このような具体的経験の形式であり、「意志は実在界の極限であり、その具体的根元である」(②三九五頁)と。

また『芸術と道徳』においては、「真の具体的実在界とは〔……〕絶対意志が己自身を発展し行く無限の過程に過ぎない、我々が自己の中に内証し得る自覚的意識はかかる絶対意志の形式に過ぎない」(③一三頁)と説く。また「自由意志に対して、自然はその内容として、之によって限定せられたものとして現れる」(③一七八頁)といい、さらに、「超越的意志が自己の中に自己を反省したものが、真理の世界、実在の世界」(③二四三頁)である、といっている。そして、既述したように、このような究極的実在としての超越的意志が、さらに「於てある無の場所」において考えられるとき、われわれは「場所」の立場に移行する。それは、意志が単に「働き」としてではなく、同時に「直観」として見られることを意味する。すなわちそれは、意志が自己のなかに自己を映し、自己において自己を見ることであって、「働くもの」から「見るもの」への移行である。いいかえれば、それは作用主義から直観主義への実在観の転回である。

第三章

場所
——包むものと包まれるもの

窓

1　絶対自由意志から絶対無の場所へ

以上のように、西田は、純粋経験(直観)に外なる反省の契機をとりいれることによって、直観と反省が同一であるような自覚の概念に到達した。それは純粋経験自身の自覚といってよい。そして「自己が自己を見る」という自覚の形式、あるいは同じことであるが、直観が反省であるような自覚の形式によって、いっさいの学問体系を基礎づけようとした。しかし、論理的体系や数理的体系のような理念的体系をあつかう場合は順調にいったが、そこから現実の経験的諸体系を説明しようとする段になると種々の問題が生じてきた。そこで西田はその解決を図るためベルクソンの「エラン・ヴィタール」(生命の飛躍)やコーヘンの「内包量」および「極限」の概念を借りて説明しようとしたが、うまくいかなかった。既述したように、「プラトンの理念は如何にして現実に堕してくるか」の問題を十分に解決するのは容易ではなかった、と西田は追懐している。

この難問を解決しようとして試行錯誤を繰り返し、問題はいっさいの反省的意識の根源である「意識する意識」をどうとらえるかの問題につきるという結論に到達したが、当の「意識する意識」を反省的意識の立場からとらえることの不可能を悟り、結局、そうした反省的意識の極限として、自覚の自覚、あるいはア・プリオリのア・プリオリとしての超越的な「絶対自由意志」の立場に行きついた、というよりも転じた。絶対自由意志というのは一種の極限概念であり、したがって神秘主義的傾向のきわめて強いものであった。この辺の経緯を西田自身「刀折れ矢竭《つ》きて降を神秘の軍門に請うたという譏《そしり》を免れないかもしれない」(②一一頁)と率直に告白している。

西田が絶対自由意志をも自己の内に包むものとしての「場所」の観念に到達するのは、『自覚に於ける直観と反省』を上梓してじつに十年近くも経ってからである。この間、西田は自己の哲学の行き詰まりを打開すべく、もう一度、哲学を古代ギリシア哲学から学び直そうと決心し、その過程でプラトンの『ティマイオス』におけるコーラの概念からヒントを得て、場所の思想に到達した。この点については、すでに序論において考察したので、ここで繰り返すことは控えたい。とにかく西田は「意識する意識」を「絶対無の場所」として、すなわち「一切のものを自己の影として自己の中に映して見るもの」としてとらえた。それは自覚の概念のさらなる展開である。意識的自覚の形式が「自己が自己を見る」であったとすれば、場所的自覚は

「自己が自己に於て自己を見る」という形式で表現することができる。その場合、見るのも自己であり、見られるのも自己であり、さらには見たり見られたりするのも「自己に於て」である。

では場所の論理とはいったいどのようなものであるだろうか。

西田は『哲学論文集第三』(一九三九年)の序で、「一つの哲学体系が組織せられるには、論理がなければならない。私は此問題に苦んだ。そして之に手懸《てがかり》を得たのが、「場所」の論文であった」(⑧二五五頁)と記している。またそこで展開されている論理を述語的論理であるとか、述語主義の論理であるとかいっている。既述したように、西田の基本的な思想はかなり早い頃に形成されていたようであるが、彼はそうした思想を論理化し体系化するのに苦労した。その最初の試みが「自覚」の論理であり、されにそれを深めたものが「場所」の論理であったのである。

2　述語的論理主義とは何か

西田の著作に「私の判断的一般者というもの」と題する講演記録がある。この講演は『一般者の自覚的体系』(一九三〇年)を書いた頃、おこなわれたものである。西田によれば論理には主語的論理と述語的論理がある。主語の論理あるいは主語的論理主義とは、判断における主語を中心にして考えられた論理であり、反対に、述語の論理あるいは述語的論理主義とは、判断における述語を中心にして考えられた論理である。

判断には主語と述語がなければならないが、その際、主語の方に力点をおくか、それとも述語の方に力点をおくかによって物の見方が変わってくる。主語的論理の典型はアリストテレスに見られる。アリストテレスにおいては実体（個物・基体・ヒュポケイメノン）は「主語となって述語とならないもの」である。主語的に超越的なものが「有」と考えられ、述語はその属性と考えられる。実在は形相的方向あるいは対象的・客観的方向に考えられているのである。たとえば「この車は赤い」「この車は速い」「この車は大きい」という場合、これらの判断はいずれも主語の「この車」に力点がおかれていて、「赤い」「速い」「大きい」という述語は主語である車に内属する性質と考えられている。

これに対して、述語を中心にして考えられた論理が述語的論理であって、その典型はヘーゲルの「具体的普遍」の思想に見られる。ヘーゲルにおいては個物は普遍の自己限定の諸相として考えられている。たとえば「この靴は赤い」「この服は赤い」「この車は赤い」という場合、個物的主語である靴や服や車はいずれも「赤い」という一般者の限定されたものとして考えられている。ヘーゲルの場合、この普遍者は絶対的精神であって、現象界のいっさいのものはこの絶対的精神の展相として見られている。そのことは『法哲学』の序文にある「理性的なものは現実的であり、現実的なものは理性的である」という言葉が示している。この場合、「理性的なもの」というのは普遍者であり、「現実的なもの」というのは個物である。

西田も、自分の場所の論理は述語の論理であるといっている。そしてこの点でヘーゲルの考えに近い。『善の研究』以来、西田は一貫してヘーゲルの思想に対して親近感をもっていた。西田の論文に「私の立場から見たヘーゲル弁証法」(一九三二年)というのがあるが、そこで西田は、自分はヘーゲルからもっとも影響をうけたということを告白している。西田が自分の思想がヘーゲルにもっとも近いと考えたのは、まさしくその「具体的普遍」の考えに関してである。具体的普遍というのは、要するに個物と普遍が相即的関係にあると説くものであり、前者を後者の顕現と見る思想である。すでに『善の研究』において西田は「一般性の限定されたものが個人性であり、一般的なものは具体的なものの精神である」という趣旨のことを語っている。

けれども西田とヘーゲルの考えの違いもまた顕著であって、ヘーゲルの哲学においては普遍は個物に発展するとはいえても、普遍が個物を包むということはいえない。ましてや普遍が個物に包まれるということはなおさらいえない。これに対して、西田哲学においては普遍が個物を包むと同時に個物が普遍を包むと考えられている。そこにヘーゲルの「絶対的精神」と西田の「絶対無」との相違がある。西田哲学は個物的なものを「一般者の自己限定」と考える点ではヘーゲル哲学と一致しているが、それと同時に、個物的なものを宇宙全体を映す鏡あるいは小宇宙と考えている点ではライプニッツのモナドロジーに近い。それゆえ西田哲学は普遍主義であると同時に個体主義でもある、否むしろその両者の無差別である。じつに西田哲学は個物と普遍の相即相入の関係を説く哲学である。この意味では、西田哲学は『華厳経』の考えにもっとも近いといえるだろう。

ヘーゲルにおいては歴史の真の主役は民族でも英雄的個人でもなく、絶対的精神であるが、西田においてはそれは自覚的自己である、正確にいえば絶対無の自覚的自己である。田辺元が西田哲学を「絶対的個物主義」と評したのは、この点で正鵠を得ているといえるだろう。しかし、その場合に注意しなければならないのは、そこでいうところの個物は単なる日常的あるいは分別的な自己ではなくて、自覚的自己であるということである。西田哲学はつねに自覚の立場に立って世界を考えているのである。(後に触れるように、「絶対矛盾的自己同一」の立場の頃には、西田は「述語の論理」を超えて、「繫辞の論理」を展開している。)

3　絶対無の場所

いきおい議論が先走りしてしまった。話を場所の論理に戻そう。西田は彼の場所の思想を論理化するにあたって、判断における主語と述語の関係と、概念における特殊と一般の包摂関係を手がかりにしている。

一般に、認識は判断によって成立する。判断の典型は包摂判断であって、あらゆる判断は包摂判断に還元されるといわれている。しかるに包摂判断とは、文字どおり、特殊である主語を一般である述語の内に包摂する判断である。たとえば「人間は動物である」という場合、主語の人間は述語の動物の内に包摂される。その場合、述語の位置にある動物は主語の人間よりも外延が広くなければならない。そうでないと包摂できないからである。たとえば「人間は動物である」とはいえるが、「動物は人間である」とはいえない。というのも人間は動物よりも外延が狭いからである。

ところで、われわれは一般者に種差を加えて、それを無限に特殊化していくことができるが、しかしいくら特殊化を進めていっても、ついに個物に到達することはできない。というのも、特殊化の極端である「最低種」といえども、それはなお一つの種であって個物ではないからである。この意味で、個物は一般者にとって超越的であって、一般者からは到達できない極限概念である。したがって個物は一般者によっては包摂されず、また一般者によっては規定されないといわなければならない。

では一般者の特殊化の極限にあると考えられる個物は、いったいどうしたら論理的にとらえることができるだろうか。西田の考えはつぎのとおりである。

判断における主語が特殊化すればするほど、それを包む述語はより大なる一般者となる。いいかえれば、一つの一般者において規定することのできないものを包む一般者は、先の一般者を超越したものであるといわなければならない。つまりそれはより大なる一般者であり、「一般者の一般者」である。すると、主語が特殊化を重ねていって個物に近づけば近づくほど、それを包摂する述語はより大なる一般者でなければならないことになる。だとすれば、一般者の特殊化ないし限定が、その極限において個物にまで到達したとき、その個物を包む一般者は無限大の一般者、つまりあらゆる述語を内に包む一般者とならなければならないだろう。それが「絶対無の場所」なのである。

では、どうしてそれが「絶対無の場所」と呼ばれるのであろうか。それは、無限大の一般者というのは、もはや一般概念としては規定されず、したがって対象的には無であるからである。もしそれが何らかの有であるとすれば、その有を包むより大なる一般者が考えられねばならず、したがってそれはもはや無限大の一般者とはいえないだろうからである。クザーヌスのいうように無限大は同時に無である。

こうして特殊化の極限にある「個物」は、一般化の極限にある「絶対無の場所」においてあると考えられる。これを西田の用語法でもって表現すれば、主語面を超越した「超越的主語面」である個物は、同じく述語面を超越した「超越的述語面」である「絶対無の場所」においてあるということになる。個物はあらゆる述語一般を超越したものであるから、それは超越的述語面においてはじめて規定されるというのである。しかし、それは具体的にはどのように説明されるだろうか。

もしあらゆる述語一般を超越した個物がなお判断の対象となりうるとすれば、その場合、もはや個物を述語する一般者はないのだから、主語である当の個物自身が自己の述語となると考えるほかはない。しかるに、それは個物が無限大の述語をもつということであり、主語が自分自身の述語となるということである。

すると、ここに包摂関係の逆転が生ずる。つまり判断における述語（一般）と主語（特殊）の包摂関係を無限に拡大していけば、特殊化の極限にあると考えられる個物は、逆に最大の一般者、「一般者の一般者」つまり一般者の極限となり、したがって絶対無となる。なぜなら、それはもはやどのような一般者としても規定されないからである。そしてすべての特殊は、このような無限大の一般者すなわち「絶対無の場所」に映されると考えなければならない。それをいいかえれば、個物は自ら無にして、自己の内に自己自身を映すのである。それは主語が述語となり、述語が主語となるということにほかならない。

もちろん、ここでいう述語は単なる一般者すなわち抽象的一般者ではなく、具体的一般者であって、前者は後者の抽象的限定面と考えられなければならない。こうして真の個物である真正の自己は絶対無であることになる。それゆえ絶対無の場所は自己の内に個物を包むとともに、個物は自己自身の内に絶対無の場所を包むのである。「包むもの」が同時に「包まれるもの」であり、反対に、「包まれるもの」が同時に「包むもの」である。こうして個と普遍は相即相入の関係にあることになる。

場所の論理は、自己の内に自己を映す「自覚」の思想と、述語(一般)が主語(特殊)を包摂するという判断の形式とが結合したものである。そしてその際、両者の結合の機縁となったのが、アリストテレスの「基体」(ヒュポケイメノン)の観念である。前述したように、アリストテレスは基体を「主語となって述語とならないもの」と考えた。基体は述語的なものによって包摂されるのではなく、反対に述語的なものは、主語となって述語とならない基体に内属している性質であるというのである。

けれども基体をこのように考えれば、それは判断を超越した形而上学的な存在となり、概念的には認識されず、ただ直覚によってのみとらえられるものとなってしまう。しかし、直覚も一種の認識である以上、何らかの概念的判断の形式によって表現されるとすれば、基体も何らかの意味で述語的なものにおいてあり、また何らかの意味で一般者の内に包摂されると考えられなければならない。西田は、「主語となって述語とならない」アリストテレスの基体に対して、反対に、意識を「述語となって主語とならないもの」と考え、前者は後者に包摂されることによって認識の対象となると考えた。

無論、ここでいう述語は主語に対立する述語（抽象的一般者）ではなく、主語面を含んだ述語面、あるいは主語面を自己自身の限定面とするような述語面（具体的一般者）を意味している。そしてこのような述語面を無限に拡大していけば、その極限において、もはやどのような述語によっても包摂されることのない、否むしろ反対に、あらゆる述語を超越して、それを自己の内に包摂するような述語、すなわち「超越的述語面」に到達すると考えられる。このような

「超越的述語面」（正確にいえば「超越的述語面の極限」）こそ、西田のいう「絶対無の場所」であって、そこにおいて「超越的主語面」である基体が映されると考えられるのである。

この場合の基体というのは真の個物である「自己」であって、かような真正の自己から見れば、超越的主語面が超越的述語面に映されるということは、自己が自己自身を述語するということなのである。ここでも、個物と普遍の相即的関係は保持されている。個物である自己の側の働きが、じつは普遍である絶対無自身の作用であると考えられている。しかし同時に、そこには自己の側の徹底した否定的自覚がなければならない。個物即普遍という場合の「即」は、後にも論ずるように、等号の即ではなく、自己否定を媒介とした即であり、したがって「即非」である。

以上が、判断的関係から見た具体的一般者としての「場所」の論理的構造である。

このように西田の場所の論理は述語を基礎とした「述語的論理」であって、これを要約すれば、主語的なものの根底に述語的なものがあり、主語的なものは述語的なものの内に包まれる。この場合、「主語的なもの」というのは基体や個物や自己を指しており、また「述語的なもの」というのは意識面を指している。そして主語的なものが特殊化すればするほど、それを包む述語的なものはより大なる一般者でなければならない。すると、主語的なものの極限にあると考えられる真正の個物としての自己は、もはやどのような述語的一般者によっても包摂されることはできず、したがって論理的には、それはあらゆる一般者を超越した「一般者の一般者」としての超越的述語面において包摂されると考えられなければならない。それが意識面の極限としての絶対無の場所であり、前者は後者によって包摂されると考えられることによって認識が成立する。しかし絶対無の場所においては、いわゆる無そのものもなくなるから、そこに「於てあるもの」(個物・自己)は自己自身を直観するものとなるのである。したがって、認識とは、「知るもの」である述語の方からいえば、自ら無にして自己自身の内に自己を映すことであり、また「知られるもの」である主語の方からいえば、自己が自己自身を述語することであるということになる。

以上のように場所の論理は、判断における主語と述語の包摂関係に、無限大と無の関係を付加した論理であるともいえるだろう。無限大は一般者の一般者であり、一般者の極限であるが、それは同時に無である。したがって、およそ概念の特殊化の極限にあると考えられる真正の個物がなお概念的に認識されるとすれば、それは一般者の一般者である無すなわち絶対無の場所において映されると考えられることによってである。しかしそれは個物の側から見れば、個物が自己自身を述語することにほかならない。

4　自覚の論理と場所の論理

しかし、以上のような場所の論理はその内に一種の矛盾をかかえているといえるだろう。というのも、主語的方向にある特殊的なものが述語的方向にある一般的なものによって包摂されることによって判断というものは成立する、そして特殊的なものに種差を加えていって特殊化を進めれば進めるほど、それを包む一般者はより大なる一般者でなければならない、一般者の一般者でなければならない、と西田はいうが、その場合、「特殊化を進める」とはいったい何のことであるだろうか。

これを「人間は動物である」という具体的な判断をもとにして考えてみると、主語の人間を特殊化するとは、さしずめ「日本人」とか、「江戸っ子」とか、「神田の生まれ」とかいった種差を主語の位置にもってくることであろう。すると、これを包摂する述語は、西田のいうように、より大なる一般者となるだろうか。否そのようにはならない。反対に、「日本人は人間である」とか、「江戸っ子は日本人である」とか、「神田の生まれは江戸っ子である」とかいった判断になって、述語がしだいに特殊化されていく。より特殊的なものを包むのはより大なる一般者ではなく、より小なる一般者で事は足りるのである。

したがって、西田がここで「包摂」といっているのは、通常の論理学でいう「外延的包摂」のことではない。むしろ「内包的包摂」ともいうべきものである。分量的に「外から包むもの」を考えているのではなく、反対に、性質的に「内から包むもの」を考えているのである。そこで問題となっているのは、比喩的にいえば、大小の包摂関係ではなく、いわば深浅の包摂関係である。包むものは「より大なるもの」ではなく、「より深いもの」である。より深いものが、より浅いものを包むのである。つまり西田の念頭にあるのは外面的世界ではなく内面的世界であって、内面的にもっとも深いところにあると考えられる真の個物、すなわち特殊化の極限としての自己は、もっとも普遍的な「一般者の一般者」、すなわち一般化の極限としての絶対無の場所において直観されるというのである。

その場合、真正の自己と絶対無の場所は一体にして不二なるものである。両者は相即相入の関係にある。自己の真相は絶対無であり、絶対無は自己自身の内に自己を映す。それが「自己が自己に於て自己を見る」ということである。そしてそうした事態というかむしろ境地を、西田は論理的に、「主語が自己自身を述語する」とか、「超越的主語面は超越的述語面において包摂される」とかいった言葉で表現しているのである。そこにあるのは自己の自覚であり、知的直観であって、そのようなものとしてプロティノスの「観照」(テオリア)の思想に近い。したがって、西田のいう「包摂関係の逆転」というのは、これを宗教的に表現すれば、一種の見性であり回心であると考えていいだろう。

5　重層的内在論

また西田は、特殊的なものを包む一般者としての「場所」を三種類考えている。「有の場所」「意識の野」「絶対無の場所」である。「有の場所」というのは自然界あるいは対象界のことであり、「意識の野」というのは意識界のことである。有の場所は形のある世界であり、目に見える外界である。これに対して意識の野は意識的世界を指しているが、内面的な意識の世界は形をもたず、目に見えないから無である。それゆえ西田は意識の野を、有に対立する無の世界という意味で、「対立的無の場所」とも呼んでいる。しかるに、「意識の野」はその性質上、無限に拡大していくことができる。それは浅いといえばどこまでも浅く、反対に深いといえばどこまでも深い。その深さに際限はない。そしてそうした深さの極限に「絶対無の場所」が見られる、と西田は説く。

前にも述べたように、絶対無というのは極限概念であって、どんな意味でも実体的なものではない。対象的には絶対に無なるものである。西田がベーメの「無底」(Ungrund)やシェリングの「神の内なる自然」(Natur in Gott)の観念に親近感をもったゆえんであろう。

ところで、西田はこの「有の場所」と「意識の野」と「絶対無の場所」の関係を、論理的に「一般者」と「一般者の一般者」と「一般者の一般者の極限」としてとらえている。一見すると、意識界が自然界を包摂するというのは不合理のようにも思われるが、しかし意識界においては自然的世界が映されるとともに心理的世界も映されるので、「意識の野」は一般者の一般者である。そしてこの意識の野は無限の広さと深さを有するが、その極限に絶対無の場所が考えられる。したがって絶対無の場所においてはあらゆる意識現象と自然現象が包まれる。それは自らは無にしていっさいのものを自己自身の内に映して見るものである。

また、この三種の場所は三種の異なった場所ではない。三種の異なった場所があるのではなく、一にして同一の場所の異なった三つの段階というか位相があるのである。それらはいわば重層的に重なりあっているのである。この点を、西田自身、三種の場所は「一般の一般として相重なり、之に於てあるものは特殊の特殊として相続くものでなければならぬ」(④八二頁)といっている。有の場所は意識の野に包まれ、あらゆる意識の野は絶対無の場所に包まれる。これを絶対無の場所の方からいえば、絶対無の場所の自己限定として種々の意識の野が生じ、さらに意識の野の自己限定としてあらゆる有の場所があらわれる。こうした考え方を重層的内在論と呼んでいいだろう。

ここで重層的内在論というのは、あたかもいくつもの層理が重なって全体の地層を形成しているかのように、いくつもの世界層が重なって全体の世界を形成しているとする考え方をいう。それを具体的に説明するには、円錐体を念頭におくのが至便ではないかと思う。

今ここに一つの円錐体があって、それはいくつもの平面に分割できるとする。その場合、その表面の部分が有の場所であり、有の場所の内底にあるのは幾重にも重なった意識の野であり、さらにそうした意識の野の根底にあるのが絶対無の場所である。こうした仕方で三種の世界は重なりあっていると考えられているのである。繰り返しになるが、三つの異なった世界があるのではない。そうではなくて一つの世界が三層に重なりあって存在しているのである。

しかし、もっと正確にいうと、そこでいう円錐体は通常の円錐体ではなく、むしろ逆円錐体といった方が理解しやすいだろう。というのも、先にも述べたように、われわれは「包摂」とか「包む」とかいう場合、とかく空間的な大小を念頭において考えがちなので、どうしても有の場所が一般者であると見なしてしまう。この意味では、西田哲学では狭いものが広いものを包むのである。否、正確にいえば、深いものが浅いものを包むのである。したがってもっとも深いところにあるものはもっとも狭いものであり、もっとも小なるものである。この意味では、絶対無の場所は無限大の球のようなものであると同時に、無限小の点のようなものでもある。そしてわれわれの自己は、各々こうした無限大の球の無限に多くの中心と考えられている。西田哲学においては、もっとも普遍的なものがもっとも個物的なものであり、もっとも個物的なものがもっとも普遍的なものである。われわれの各々の自己が絶対無の場所である。

第四章

絶対無の自覚
——宗教的境位

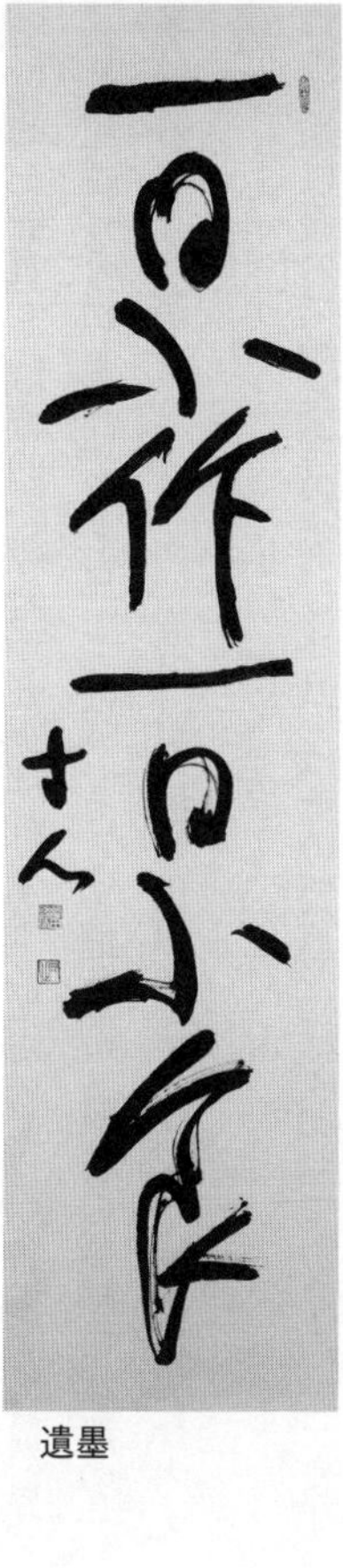

遺墨

1　場所から一般者へ

さて、『働くものから見るものへ』（一九二七年）の後編に収められた論文「場所」を契機として西田は自覚の立場から場所の立場に転ずるが、さらにそこで展開されている「場所」の思想を、次作『一般者の自覚的体系』（一九三〇年）では、そのタイトルのとおり、一般者の自覚的体系として論理化し体系化していっている。場所の基本的な考えそのものは変わっていないが、いくつかの点で変化が見られる。

まず、先に「有の場所」「意識の野」「絶対無の場所」と呼ばれていた三種の場所はそれぞれ「判断的一般者」「自覚的一般者」「叡智的一般者」と呼ばれるようになった。それぞれ自然界、意識界、叡智界ないし超越界を指していると見てよい。そして叡智的一般者の極限に「無の一般者」が考えられている。したがって正確にいえば、三種の世界ではなく、四種の世界が考えられていることになる。

この点については序論において触れたので、ここではその要点だけを記しておきたい。まず最初に論じられているのは判断的一般者すなわち自然界である。西田は自然をわれわれの自己の外にある実在界とは考えていない。これはすでに『善の研究』において「我々が実在を知るというのは、自己の外の物を知るのではない、自己自身を知るのである」(①一三一頁)と述べられているとおりである。西田においては自然界とはわれわれの自己の内なる自然であって、自己の外に独立してあるような自然ではない——そもそもそうした外なる自然などというものは存在しないのである。それで西田は自然界を「判断的一般者」と呼ぶ。それは文字どおり意識的自己の判断の対象界である。

こうした「判断的一般者」を内に包む一般者が「自覚的一般者」である。つまり意識界である。意識界は自己が自己を意識する世界、自己が自己を見る世界であるから自覚的世界と呼ばれる。そしてこの意識界の内には、いわゆる自然現象のほかに心理現象あるいは精神現象が映される。それらはいずれもわれわれの自覚的意識のあらわれである。

正確にいえば、当初、この判断的一般者と自覚的一般者の間に両者の中間段階として「推論式的一般者」が考えられていた。それはいわゆる論理的世界である。しかし推論式的一般者は、一般者の自覚的体系を叙述する過程で一時的にその存在が想定されたにとどまり、深く考察されることなく途中で消えていった。そうした推論式的一般者をも含めて、広く意識現象一般を包む世界が自覚的一般者と考えられている。そしてこの「判断的一般者」と「自覚的一般者」とがいわゆる現象界を構成している。いわば外的な現象界が判断的一般者であり、また内的な一般者が自覚的一般者である。しかるに内的なものは外的なものを包むから、自覚的一般者は判断的一般者を包むより大なる一般者であり、一般者の一般者である。

これに対して現象界を超越した一般者が叡智的一般者である。カントのいう叡智界である。しかし、ここで注意しなければならないのは、西田が「超越」という場合、それは通常考えられるような外在的な超越を指しているのではなく、反対に、内在的な超越を考えていることである。プラトンのイデアのように自然の外に超越するのではなく、意識の内に超越するのである。内在的超越である。たしかに叡智的一般者は形而上学的な性格を有しているが、しかしそこでいう形而上学は、序論でも述べたように、自然を超越した形而上学すなわち「自然の形而上学」ではなく、意識の内に超越した形而上学すなわち「意識の形而上学」あるいは「心の形而上学」である。そしてこうした叡智的世界の極限に「無の一般者」が考えられている。ここでいう無の一般者というのは、先に絶対無の場所と呼ばれていたものである。西田はいっさいのものを一般者の自覚的体系として体系化しようとしたので、絶対無の場所も無の一般者と呼ばれるようになったのであろう。しかし、その内容に変化があったわけではない。

さらに、こうして判断的一般者から自覚的一般者をへて叡智的一般者にいたり、その極限において真の形而上学的実在としての無の一般者すなわち絶対無の場所に到達すると、今度は逆にそれぞれの一般者を絶対無の場所の抽象的限定面としてとらえようとする。そうした考えは「場所」の時期にも潜在的にあったのであるが、それが明確な形で、あるいは徹底した形で論じられるというようなことはなかった。しかるに『一般者の自覚的体系』の後半とそれにつづく『無の自覚的限定』(一九三二年)においては、そのことが自覚的に論じられている。また、その過程で新しくいくつかの一般者が付加されている。

ところで「絶対無」というのは、ただ単に「何もない」ということではない。意識のノエシス的超越の極致、いいかえればノエシスのノエシスをいうのである。西田はそれを「心の本体」とも呼んでいる。しかし「心の本体」という表現は何か実体的なイメージをあたえて誤解されやすいが、それは、どんな意味でも対象化できない「作用の極限」に対してつけられた名称である。ちょうど仏教の「体用の論理」で用いられる「体」のようなものであろう。その本質は「空」である。先に、西田が自覚の極限として「意識する意識」を考えていたことに触れたが、そうした「意識する意識」をも超えて、これを自己の内に映して見るものである。

絶対無は内容的には「無限なる生命の流れ」のようなものと考えられるが、それがノエシス的方向に自己を限定したものが「行為的一般者」であり、反対に、ノエマ的方向に自己を限定したものが「表現的一般者」(広義における表現的一般者)であると考えられている。さらにこの行為的一般者がノエシス的方向に自己自身を限定したものが叡智的一般者であり、ノエマ的方向に自己を限定したものが表現的一般者(狭義における表現的一般者)である。そして最後に、表現的一般者のノエシス的限定面として自覚的一般者が、またそのノエマ的限定面として判断的一般者がそれぞれ位置づけられている。

こうして一般者の自覚的過程は、その往相(向上)の過程においては「判断的一般者」「自覚的一般者」「叡智的一般者」「無の一般者」の四層から構成されており、またその還相(向下)の過程においては「無の一般者」「行為的一般者」「叡智的一般者」「表現的一般者」「自覚的一般者」「判断的一般者」の六層から構成されている。それは、判断的一般者からその内底の極限にある無の一般者にいたるまでの往相の過程はもっぱら意識のノエシス的超越の過程として考えられるのに対して、逆に、無の一般者から判断的一般者までの還相の過程はノエシス的限定の方向とノエマ的限定の方向とに分けて考えなければならないので、それだけ一般者の数も増えたということなのだろう。とにかく無の一般者のノエシス的限定あるいは作用的限定の方向にあるのが、行為的一般者と狭義の行為的一般者である叡智的一般者であり、またそのノエマ的限定あるいは表現的限定の方向にあるのが、表現的一般者と自覚的一般者と判断的一般者であると考えられている。

ところで、ここで西田が用いているノエシスとノエマという表現はフッサールの現象学の用語に準じたものである。すなわち意識の志向作用がノエシスであり、その志向対象あるいは内容がノエマである。ただ西田の用語法はフッサールのそれよりはいくぶん緩やかであって、一般に作用的方向あるいは行為的方向にあるものはいずれもノエシス的なものと考えられ、これに対して対象的方向あるいは表現的方向にあるものはいずれもノエマ的なものと考えられている。それゆえ「述語的なもの」「意識的なもの」「時間的なもの」がノエシス的なものと呼ばれ、反対に、「主語的なもの」「対象的なもの」「空間的なもの」がノエマ的なものと呼ばれている。

また西田は、このノエシスとノエマの観念に「包む」「包まれる」という意味を含ませている。すなわちノエシスは「包む」作用であり、ノエマは「包まれる」対象ないし内容である。したがって西田においてはノエシス的なものはノエマ的なものを包むので、前者は後者に対してより根源的であって、真実在はノエシス的超越の方向の極限に見られると考えられている。それがノエシスのノエシスとしての「意識する意識」であり、「絶対無の場所」である。

2　一般者の諸体系

つぎに各種の一般者の梗概を示しておこう。

「判断的一般者」(自然界)においてあるのは個物的なものであり、具体的には「有るもの」や「働くもの」であり、またその極限としての「自己」である。この場合、「有るもの」としては「物質」が、「働くもの」としては「生物」ないし「生命」が、そして「自己」としては無論、われわれの「意識的自己」が考えられている。われわれの自己は働くものの極限であり、真の個物である。いいかえれば、あらゆる主語的なものを超越した「超越的主語面」である。したがって、それはいかなる述語的なものによっても包まれることはない。それで自己はあらゆる述語的なものを超越した「超越的述語面」において包まれると説かれる。そしてこの超越的述語面が「自覚的一般者」と呼ばれているのである。この点は、論理的には場所の論理と基本的に異なっていない。ただ用語法に若干、変化が見られるだけである。

判断的一般者は最初の具体的一般者である。それは自身の自己限定として主語を有する。それが「有るもの」であり、「働くもの」である。しかるに主語が特殊化すればするほど、それを包む述語はより一般的なものでなければならず、したがって特殊化の極限にある真の個物としてのわれわれの意識的自己はどんな述語によっても包摂されないので「超越的主語面」と呼ばれ、それは同じく一般化の極限にある「超越的述語面」において映されることによって認識の対象となると考えられている。したがって認識とは、これを超越的述語面の方からいえば一般者の自己限定であり、また超越的主語面であるわれわれの意識的自己の方からいえば「主語が自己自身を述語する」ことであり、「主語が述語となり述語が主語となる」ことである。

しかし「主語が自己自身を述語する」とか、「主語が述語となり述語が主語となる」とかいうのはいかにも不合理であろう。けれども西田は、一つの一般者において最後にあるものはこうした自己矛盾的性格を有していると考えている。そしてそこに西田哲学に一貫した弁証法的性格がみとめられる。しかるにわれわれの自己が自己矛盾的であるということは、それがもはや判断的一般者においては包摂されないということである。むしろ反対に、判断的一般者を包むものであるということである。ここに、前述したように包摂関係の逆転が生ずる。

こうしてわれわれの自己は判断的一般者を包む、より大なる一般者である「自覚的一般者」によって包まれる。自覚的一般者は判断的一般者を自己の抽象的限定面とするような一般者であり、そうした一般者においてはじめてわれわれの意識的自己は映され、認識の対象となるのである。

自覚的一般者というのはいわゆる意識界のことである。ここに「於てある」のは意識的自己であり、具体的には知的自己、情的自己、意的自己である。この知情意の関係は『善の研究』以来、西田哲学に一貫したものであって、知的自己がもっとも浅く、意的自己がもっとも深く、情的自己はその中間にあると考えられている。したがって自覚的世界における最後のものは意的自己であるが、それは、判断的一般者におけるわれわれの自己と同様、自己矛盾的性格を有している。

判断的一般者において超越的主語面であるわれわれの自己は「主語が自己自身を述語する」という矛盾的性格をもったものとして考えられていたが、自覚的一般者における最後のものである意的自己は、外なる対象を映す知的自己とは異なって、自己の内に自己を見るものであり、自覚的に自己自身を限定するものである。しかし、自己が自己を見るということはノエマがノエシスであり、ノエシスがノエマであるということである。したがって、そこに矛盾がある。あるいはまた意志は欲求するものであるが、欲求を充足するということは、その欲求をなくすということを意味しているから、われわれは欲求をなくすために欲求するということになり自己矛盾的である。さらには、われわれは生きるものであるが、生の行きつく先は死であるとすれば、われわれは死ぬために生きるということになる。それは自己矛盾以外の何ものでもない。こうした自己矛盾的な意的自己は、じつは自覚的一般者をノエシス的に超越した「叡智的一般者」においてはじめて包まれて認識の対象となる、と西田は考えた。

このように西田は判断における主語と述語の包摂関係を手がかりとして判断的一般者を考え、今度は意識の志向作用を手がかりとして自覚的一般者とそこにおいてあるものを考え、その極限において叡智的一般者に到達した。この叡智的一般者においてあるものもまた三段階が考えられている。すなわち、知的叡智的一般者、情的叡智的一般者、意的叡智的一般者である。知的叡智的一般者は「意識一般」とも呼ばれている。おそらくカントの「意識一般」(Bewußtsein überhaupt)の概念を借用したものであろう。内容的にも、カントと同様、超越論的認識主観の性格をもったものである。西田は、意識一般は叡智的一般者の「入口」であるという表現をしている。すなわち、知的叡智的一般者は叡智的世界における最初の段階である。また情的叡智的一般者は「芸術的直観」とも呼ばれ、意的叡智的一般者は「道徳的自己」と呼ばれている。これを見ると、西田が認識的、芸術的、道徳的な三種の叡智的一般者の世界を考えていたことがわかる。

こうした三種の叡智的一般者の異同を西田は簡潔に、「意識一般」においてはノエマがノエシスを超越しているといい、「芸術的直観」においてはノエシスとノエマが一致している、あるいはノエシスとノエマが「中和状態」にあるといい、「道徳的自己」においてはノエシスがノエマを超越しているといういい方をしている。厳密にいえば、そうした表現は必ずしも正確ではないだろう。たとえば意識一般はア・プリオリに対象を構成する作用であるから、その意味で、いっさいのノエマ的なものを包んでいるといえる。したがって、ノエマがノエシスを超越しているという西田のいい方は正確ではない。しかし、芸術的直観や道徳的自己と較べると意識一般においては(直観対象としての)客観が主観を超越しているとはいえるだろう。これに対して芸術的直観においては客観が主観と一致し、道徳的自己においては客観が主観に内在している。

けれども、われわれは三種の叡智的一般者の異同にあまりとらわれる必要はないと思う。問題は叡智的一般者の究極に考えられる道徳的自己の本質である。道徳的自己は叡智的一般者の「於てある」最後のものであり、そのようなものとして自己矛盾的性格を有している。たとえば道徳的自己においてはつねに理想と現実との矛盾があり、義務と欲求との矛盾がある。道徳的自己はつねに葛藤していて安定を得ない。それで西田は、道徳的自己は「悩める魂」であるといっている。道徳的自己は真の自己をもとめながら自己を得ることができない。そうした矛盾と相剋の極限において、完全に自己を否定し放棄するにいたる。それが回心であり、こうして道徳的自己は「宗教的意識」へと転回する。道徳の世界から宗教の世界に入っていくのである。

道徳的自己は真に自己の内に自己を見るものである。道徳的自己においては「見るもの」が「見られるもの」であり、「見られるもの」が「見るもの」である。しかし、なおそこには「見るもの」と「見られるもの」との対立があって、真の自己自身は見られない。それで、そこにはつねに存在と当為、理想と現実との間の矛盾がある。道徳的自己は矛盾的自己であり、「悩める魂」であって、自己を不完全なものとして理想を追いもとめ、良心が研ぎ澄まされれば研ぎ澄まされるほど、自分を悪として痛感し、理想と現実との間で自己分裂し、苦悩する。そしてこのような自己矛盾の極限において、道徳的自己は自己を放棄し、一転して、宗教的回心を経験する。大死一番、絶後に蘇えるのである。

それが「宗教的意識」すなわち「絶対無の自覚」にほかならない。ということは、道徳的自己のあるべき場所は、じつは、もはや叡智的一般者ではなく、それを超越した究極的な一般者である「無の一般者」あるいは「絶対無の場所」であるということにほかならない。

「判断的一般者」における最後のものは「意識的自己」であり、意識的自己における矛盾は「主語が述語となり述語が主語となる」ということに起因する矛盾であった。いいかえれば、それは主語と述語の包摂関係における矛盾であった。また「自覚的一般者」における最後のものは「意的自己」であり、意的自己における矛盾は「ノエマがノエシスであり、ノエシスがノエマである」ということに由来する矛盾であった。いいかえれば、それは意識の志向作用におけるノエシスとノエマの包摂関係に見られる矛盾であった。そして最後に、「叡智的一般者」における最後のものである「道徳的自己」における矛盾は「「見るもの」が「見られるもの」であり、「見られるもの」が「見るもの」である」ということに起因する矛盾である。けれどもこうした矛盾はそれぞれ異なった別個の矛盾ではなく、じつは同一の矛盾の深まりゆく三つの段階を示している。そしてこうした深まりゆく矛盾をとおして、われわれの自己の自覚もしだいに深まっていくのである。

3　絶対無の自覚とは何か

場所とは、いっさいのものを自己の影として自己自身の内に映して見るものであった。そこに映されるもっとも抽象的なものが判断的一般者における「働くもの」であり、意識的自己である。またそのもっとも具体的で究極的なものが「宗教的意識」である。この点について西田は「我々の意識がノエシス的方向に深まり、自己自身を見るものに至れば至る程、自己の影を映すものより自己自身を見るものに至るのである。自己の限定面は抽象的意識面から具体的意識面に至るのである」(④二八三頁、傍点引用者)といっている。

宗教的意識はいっさいの概念的知識を超越した立場である。それはただ体験することができるだけであって、その内容を概念的に把握するということはできない。西田自身も、この点に関して、宗教的体験がどのようなものであるかは宗教家に聞く以外にない、といっている。

しかし西田は知識を「一般者の自己限定」として、あるいは「自己の内に自己自身を映す」ことと考えていた。今、この考えを、無の一般者にまで適用してみるとどうなるだろうか。

無の一般者はあらゆる限定を超越した一般者である。したがって、さらにそれを限定するような一般者はどこにもない。この意味では、もはや絶対無は知識の対象になることはない。しかしそこになお「場所」として「映す」という意味が残る、と西田は考えるのである。そして、その場合、われわれの自己は「映す鏡」となるのであり、まさしくそこに知識の根本的立場がある、というのである。自己の根底は絶対無であるとともに、そこになお映すという要素が残る。そして、それがあらゆる知識の根本となる、というのである。いわばそれは絶対無自身が自己を反省する立場である。

宗教的体験そのものにおいては「映す」ということもない。宗教的意識を絶対無の自覚であるといったのも、正確にいえば、宗教的体験からいっているのではなく、宗教的体験を哲学的に反省する立場からいっているのである。

したがって宗教的意識あるいは絶対無の自覚がもっとも根源的なものである。それはわれわれの自己の究極の根底である。それゆえ宗教はあらゆる学問道徳の根本であるといわなければならない。しかしこのような宗教的意識自体はただ体験されるだけであって、どんな意味でも概念的知識の対象とはならない。したがってその内容自体を知ることはできない。それは体験の立場であって、知識の立場ではない。それゆえわれわれが宗教的意識について語り、絶対無の自覚について語るとき、すでにわれわれは宗教そのものの立場からではなく、宗教を反省する立場に立っているのである。体験そのものの立場ではなく、体験自身の反省の立場からいっているのである。それが哲学の立場である、と西田はいう。いいかえれば、それは絶対無の自覚的反省の立場である。そしてこの反省によって絶対無は概念的知識の対象となるのである。その場合、まず体験がなければ反省もないという意味では宗教はもっとも根源的なものであるが、反省がなければ体験は知識の対象とはならないという意味では哲学は根源的なものである。そしてまさしくこの点に、宗教と哲学との接点があるといえるだろう。

たしかに哲学は知識の立場であるから、芸術や道徳と較べて抽象的である。しかし芸術や道徳が叡智的一般者の立場であるのに対して、哲学は宗教的意識すなわち絶対無自身の自己反省の立場として芸術や道徳をも超えた立場であるといわなければならない。否それどころか哲学は宗教的世界観をも超えた立場である、と西田はいっている。なぜかというと、宗教的世界観とは、宗教的自己の立場から叡智的世界を顧みて、その内容を内容とする立場であるのに対して、哲学は宗教的自己が自己自身を反省する立場であるからである。前者が絶対無の場所における意識一般による対象的構成の立場であるとすれば、後者は絶対無の場所における意識一般による自己反省の立場である。

西田哲学において自覚とは「自己に於て自己を見ること」あるいは「自己の内に自己自身を映すこと」である。いいかえれば自己が自己自身を反省し、その内容を限定することである。したがって自覚的一般者が自己自身をノエシス的に超越していくにしたがって、それだけ自己が深く反省され、深いレベルの自己の内容が限定されるようになる。形式的な叡智的一般者（意識一般）から、芸術的直観的自己へと深まり、さらには道徳的自己へと深まって、その具体的内容が限定される。道徳的自己にいたっては、自己は自己自身を見るものとなる。

しかし、既述したように、そこになお見るものと見られるものとの間の矛盾がある。さらにこうした叡智的一般者を超えると、一般者は一般者としては絶対に限定されえないものとなり、それに「於てあるもの」は自ら無にしてただ自己自身を見るもの、いいかえれば「見るものなくして見るもの」あるいは「見られるものなくして見られるもの」となる。それが宗教的意識であり、絶対無の自覚である。絶対無の自覚とは、自己の根底が絶対に無であるということの自覚である。またその自覚は絶対無の場所自身の自覚でもある。見るものと見られるものとの対立がなくなれば、自覚的自己と場所的自覚の区別もなくなるだろう。

ところで、この絶対無の自覚においては自覚的自己の内容はまったくの無である。それは見るものも見られるものもない世界であり、色即是空・空即是色の世界である。絶対無の自覚の世界は宗教的体験の世界であって、その風光は宗教家にしかわからない。ただそれが自覚と呼ばれる以上、そこに「自己の内に自己自身を映す」という自覚的形式だけは残るだろう、と西田はいう。それは自覚が自覚自身を反省するといってもいいし、知識が知識自身を反省するといってもいい。宗教的意識あるいは絶対無の自覚においては、いわゆる意識的自己というものは消滅し、したがってまた意識的自己によって志向される内容もなくなるのである。宗教的世界観というのは、前述したように、宗教的自己の立場から(そのノエマ的限定としての)叡智的世界の内容を見たものにすぎない。これに対して、哲学は宗教的意識自身の自己反省の立場であるから、より根源的な立場であるといわなければならない。もしこのような立場から叡智的世界の存在を論ずることが形而上学であると非難されるのなら、「私は形而上学というものにも、その成立の根拠と権利とを与えたい」(④一四九頁)と西田はいっている。

こうして叡智的世界として知識(科学)、芸術、道徳の世界が、叡智的一般者のノエシス的超越の三段階として位置づけられ、さらに道徳的自己の自己矛盾の極限において、もっとも究極的な世界として宗教的世界が解明され、最後に宗教的意識の自己反省として哲学が位置づけられている。

4　哲学と宗教との関係

絶対無の自覚は、これをわれわれの自己の側からいえば、道徳的自己が七花八裂の自己矛盾の極限において、一転して到達する宗教的意識である。それは自己の根底が絶対無であるという根源的な事実についての自覚にほかならない。しかしこのような根源的な事実そのものはただ体験されるだけであって、反省の上にあるのではない。この点について、西田自身も、「宗教的立場は全然、我々の概念的知識を超越した立場でなければならない、宗教的体験の風光については、之を宗教家に譲るの外はない」(④一四七頁)といっている。また遺稿「場所的論理と宗教的世界観」においても、「宗教は心霊上の事実である」といい、「真の体験は宗教家の事である」(⑩二九五頁)と語っている。

したがって、このような心霊上の事実や宗教的体験の真相そのものをわれわれは知ることはできない——この点は、純粋経験そのものをわれわれは知ることができないといっていたことと符合する。ただそれを反省することができるだけである。われわれがこうした宗教的意識を、たとえば「絶対無の自覚」と呼ぶのも、宗教的体験を反省する立場からいっているにすぎないのである。そしてこの点では宗教は哲学に対して、より根源的である。体験があって反省があるのであって、反省があって体験があるのではない。西田が、宗教はいっさいのものの根源であり、あらゆる学問道徳の根本である、というゆえんである。

けれども、たとえ宗教は心霊上の事実であり、真の体験は宗教家の事であるとしても、事実や体験はそのままでは、それが何であるかは一向に明らかにならない。そうした事実や体験が思惟によって反省され、概念的知識の対象になってはじめて、その真相は明らかになるのである。この点では、哲学は宗教に対して、より根源的であるといわなければならないだろう。たしかに体験は反省に先立っているが、しかしそうした体験の内容は、それを反省することによってはじめて明らかになるのである。

ところで、そもそも宗教的体験の内容を反省するなどということは可能なのだろうか。それはいっさいの哲学的反省を超越しているのではなかろうか。もしそうだとしたら、分別を超越した世界をどうして分別でもって説明することができるのだろうか。

こうした疑問が生ずるのは、ある意味ではもっともなことである。けれども宗教的体験の内容を哲学的反省の立場から説明することはできないというとき、すでにわれわれは、ある意味で、その内容を説明しているのである。それを不可思議の世界として説明しているのである。あるいはまた、宗教的意識は道徳的自己の否定的転換によって生ずるとか、それは自己の根底が絶対無であることの自覚であるというとき、われわれはすでに宗教的体験を反省する立場からそれを規定しているのであり、またそうした体験がいっさいの反省を超越したものであるということを、体験そのものの立場からいっているのではなく、体験を反省する立場からいっているのである。

したがって問題は、宗教的意識を反省するということがどうして可能であるかということよりも、むしろ宗教的意識を反省するというとき、哲学はどのような立場に立っていなければならないか、ということである。どのような立場に立ったとき、われわれは宗教的意識の真相にもっとも近づくことができるのだろうか。

西田の答えはつぎのとおりである。

われわれは宗教的意識を外から反省する立場ではなく、反対に、宗教的意識の内からの反省の立場、いいかえれば宗教的意識自身の自己反省の立場に立ったとき、はじめてその真相に近づくことができる。それはカントの認識論のような、意識一般による外的対象の先天的構成の立場ではなく、まさしく場所の論理のような、自己の内に自己自身を映して見るものの立場である。いいかえれば自覚的自己の自己反省の立場である。それは意識一般の立場ではなく、意識一般を反省する立場であり、対象界を構成する立場ではなく、自己自身への反省の立場である。

だとすれば、われわれ自身が根源的自己へと深まる必要がある。われわれ自身が宗教的意識の自己反省の立場に立つとき、宗教的意識の内容はもっとも具体的に説明される。西田が「場所的論理と宗教的世界観」において、「宗教を論ずるものは、少くも自己の心霊上の事実として宗教的意識を有つものでなければならない」(⑩二九七頁)というゆえんである。ここには、東洋に伝統的な知行合一《ちこうごういつ》の精神が赫々として脈打っているのがみとめられるだろう。「単なる理性の中には、宗教は入って来ない」(同前)と西田はいっている。

第五章

絶対矛盾的自己同一

——自己の自覚から世界の自覚へ

空間

1　弁証法的世界

絶対無の自覚に到達したのち、西田の思索は絶対無の自覚的限定としての歴史的現実界に向かっている。それは仏教でいう往相と還相あるいは向上と向下との関係に比することができることは序論でも触れた(二六頁)。この転回はわれわれの自己の自覚から世界自身の自覚への転回として見ることができるだろう。しかし厳密にいえば、こうした転回は「純粋経験」の時期にも、また「自覚」の時期にも、さらには「場所」の時期にも潜在的にはあったのであり、この意味では、それは西田哲学に本質的な性格であるといえる。

たとえば『善の研究』では純粋経験を唯一の実在としてすべてのものを論じているが、同時に、個々の純粋経験を「根源的統一力」の発展として叙述しようとしている。また『自覚に於ける直観と反省』においては、いっさいのものを自覚の形式で論じているが、同時に、そうした自覚的体系を「絶対自由意志」の顕現として叙述している。さらには『働くものから見るものへ』や『一般者の自覚的体系』においては、いっさいのものを種々の場所や一般者によって説明しようとしているが、同時に、そうした場所や一般者を「絶対無の場所」ないしは「無の一般者」の自己限定の諸相として叙述しようとしている。

しかしながら、それらはいずれも副次的ないしは潜在的に論じられているのであって、勝義的ないしは自覚的に論じられているわけではない。しかるに『無の自覚的限定』になると、はっきりと絶対無の自覚的限定として歴史的現実界が論じられるようになった。同書の序で西田は『一般者の自覚的体系』と『無の自覚的限定』の関係を表と裏の関係になぞらえて、前者が判断的一般者から無の一般者への過程を論じたものであるとすれば、後者は反対に無の一般者からその自覚的限定としての種々の一般者を論じようとするものであり、したがって前書が「表から裏を」見ようとしたものであるとすれば、さしずめ後書は「裏から表を」見ようとするものであると述べている。

ところで絶対無の自覚的限定としての歴史的現実界を見ると、そこにはいくつかの特徴がみとめられる。それらを簡潔にまとめておこう。

第一に、歴史的現実界は多極的な構造を有している。西田は最初、歴史的現実界をただ「私」と「汝」が相互に対話し応答しあう世界と考えていたが、やがてそこに「彼」や「彼女」や「それ」の存在を、さらには環境や社会や国家の存在を加え、結局、多数の個物が相互に限定しあう世界であると考えるようになった。自己と自己の根源である形而上学的な絶対無との関係は二極的であったが、歴史的現実界は多くのものが複雑に関係しあう多極的な世界である。

第二に、歴史的現実界は行為的自己と環境が相互に限定しあう世界である。われわれの行為的自己は環境によって作られる。しかし環境によって作られた自己は同時に環境を作っていく。作られたものが作るものを作り、作るものが作られたものによって作られる。このように歴史的現実界は、自己と環境が相互に作り、また作られながら不断に進展していく世界である。これを西田は「作られたものから作るものへ」の世界であるといっている。それは個物的限定が同時に一般的限定であり、一般的限定が同時に個物的限定であるような世界である。

第三に、これと関連して自己の観念が、これまでの知的あるいは意識的自己から行為的自己に変化している。ここでは、従来のような真正の自己を探究する観想的自己ではなく、歴史的現実界を創造していく行為的自己が論じられている。この点は、いわば観仏と行仏の違いとしてすでに指摘しておいたとおりである(三〇頁)。意識の最奥にある真正の自己すなわち絶対無を観想する立場から、そうした絶対無の自覚的限定としての歴史的現実界を創造する立場へと視点が転回している。

第四に、西田が論じようとしている世界は絶対無の自覚的限定としての世界であって、通常われわれが考えているような日常的あるいは通俗的な世界ではない。西田が行為的自己といっているのは絶対無の自覚にもとづいた自己すなわち人格的自己である。西田が「私と汝」について語るとき、そこでいう「私と汝」は人格的な私と人格的な汝であって、日常的な私と汝ではない。後者の場合は、西田は「僕と君」といういい方をして区別している。「私は私の底に汝を見、汝は汝の底に私を見る」のはあくまでも絶対無の自覚的限定の世界においてであって、日常的世界においてではないことにとくに留意する必要がある。西田がしばしば「……である」という表現に代えて、再三「……でなければならぬ」という表現を用いるゆえんである。西田のいう世界は事実的世界であると同時に当為的世界でもある。事実即当為・当為即事実の世界である。

第五に、歴史的現実界は現象界という側面と実在界という側面との二重構造を有している。世界は分別的な「僕と君」が相互に矛盾し対立しあっているという意味では分別的現象界である。しかし同じ世界が絶対無の自覚的限定の世界、あるいは同じことであるが「私と汝」が対話し応答しあう世界であるという点では無分別的実在界である。しかもその両世界は別個の世界ではない。分別的世界を超えて無分別的世界が別個にあるのではない。前者は後者の顕現でもあるのである。あるいは「僕と君」と「私と汝」は別個の人間であるわけではない。二種類の世界や二種類の人間が存在しているのではなく、それらはいわば同一の世界と同一の人間の表面と裏面である。

したがって現象界が同時に実在界であることになる。西田自身、自分の哲学は「現象即実在論」だといっている。われわれの自己は、こうしたいわゆる現象界と実在界の両世界に属しているという意味では「二重世界内存在」である。西田哲学の標語ともなった「絶対矛盾的自己同一」というのは、こうした世界の二重構造を表現したものにほかならない。歴史的現実界は絶対矛盾的であると同時に自己同一的な世界である。

第六に、歴史的現実界は不断に進歩し発展していく世界ではなく、むしろ不断に新しい形を創造していく創造的世界である。西田は自分の哲学は「形の論理」であるといっているが、歴史的現実界はメタモルフォーゼ（形態変化）の世界であって、「永遠の今」の自己限定として一瞬一瞬に新しい形が創造される。したがって厳密な意味では、西田哲学には進歩や発展という観念はない。あるのは絶対的なもの（絶対無）の顕現としての新しい形の不断の創造である。西田は自覚的自己を「創造的世界の創造的要素」といっているが、西田のいう行為的自己は芸術の世界に代表されるようなポイエーシス（芸術的制作）的自己である。そしてこの意味で、西田哲学は本質的に文化の哲学であるといえるだろう。

2　絶対矛盾的自己同一とは何か

西田は歴史的現実界を弁証法的世界と考えた。そしてその論理的構造を「個物的限定即一般的限定・一般的限定即個物的限定」「個物と個物の相互限定即一般者の自己限定」という二つの定式でもって表現した。個物的限定即一般的限定というのは、主体と客体あるいは行為的自己と環境との関係をいいあらわしたものである。前述したように歴史的現実界は、環境がわれわれの自己を作り、また反対に、われわれの自己が環境を作る。したがって作るものが同時に作られたものであり、作られたものが同時に作るものである。こうした弁証法的な関係を西田は、「個物的限定即一般的限定・一般的限定即個物的限定」という定式でもって論理化した。

また「個物と個物の相互限定即一般者の自己限定」というのは、個物と世界あるいは個と全体(普遍)との関係をいいあらわしたものである。歴史的現実界において個物と個物が相互に限定しあうことによって世界は作られていくが、それを世界の側から見れば、世界が世界自身を限定していくことである。この場合、個物というのは人格的な私と汝でもあり、また環境や社会でもある。環境もまた主体的なものであることは既述したとおりである。

したがってこの二つの定式は同じものではない。前者は主観と客観、内と外、行為的自己と環境との関係をいいあらわしたものであるのに対して、後者は個と普遍との関係をいいあらわしたものであり、個物と個物が相互に限定しあうということは一般者である普遍(絶対無)が自己限定することであることを述べたものである。

ところで、ここで注意すべきは「一般的限定」と「一般者の自己限定」の異同である。一般的限定というのは、客観や環境の限定という意味であり、これに対して一般者の自己限定というのは、普遍者(絶対無)の自覚的限定としての世界全体のことである。したがって「個物的限定即一般的限定」の世界というのは現象界を指しており、「一般者の自己限定」というのは実在界を指しているとみてよい。のちに西田はこの二つの定式を、「内即外・外即内」「一即多・多即一」という言葉で表現するようになった。おそらくそこには、最初の定式がいかにも長たらしく、繰り返して用いるのは煩雑なので、それを簡素化しようという意図があったと思われる。一即多というのは、正確にいえば、全体的一即個物的多という意味である。

以上のように歴史的現実界は弁証法的世界であって、それは「個物的限定即一般的限定・一般的限定即個物的限定」「個物と個物の相互限定即一般者の自己限定」という論理的構造をもっており、いいかえれば「内即外・外即内」「一即多・多即一」の論理的構造をもっている。

こうした論理的構造を西田は「絶対矛盾的自己同一」と呼んだのである。それは、文字どおり、内と外あるいは一と多という絶対に矛盾的なものが、矛盾的でありつつ同時に自己同一を保持しているという事実を表現したものである。

たとえば行為的自己(内)と環境(外)は相互に矛盾対立している。しかし同時に自己が環境を作り、環境が自己を作る。この意味では、自己も環境も同じく「作り作られるもの」である。主体が客体であり、客体が主体である。内が外であり、外が内である。しかし同時に、自己はどこまでも自己であって環境ではない。同様に、環境はどこまでも環境であって自己ではない。それゆえ歴史的現実界はまさしく絶対矛盾的自己同一の世界である。

また現象界は個物と個物が相互に限定しあう世界であるが、それは同時に絶対無の自覚的限定の世界であり、実在界でもある。いいかえれば個物的多の世界が同時に全体的一の世界でもあり、現象界が同時に実在界でもある。したがって、その構造はまさしく絶対矛盾的自己同一である。おそらく西田が絶対矛盾的自己同一という場合、本来は、こうした現象界が同時に実在界であるということを表現するものであったのだろう。日常的な自己から見れば絶対に矛盾対立している世界が、自覚的自己から見れば、自己同一的な世界である。しかるに日常的な自己と自覚的自己は別個の自己ではない。二つの異なった自己があるわけではない、唯一の自己があるだけである。それは行為的自己が有している二つの局面であり、いわば表と裏である。両者を切り離して考えることはできない。それゆえ自己も世界も絶対矛盾的自己同一的構造を有している。

また「即」という言葉にも注意すべき点がある。いうまでもなく、それは等号としての即ではない。たとえば「個物的限定即一般的限定」という場合、個物的限定＝一般的限定という意味ではない。そうではなくて個物が自己を否定することによって一般となり、一般は自己を否定することによって個物となる。そこに「非」あるいは「否定」の契機が介在しなければならない。西田は遺稿「場所的論理と宗教的世界観」のなかで「我々の自己は、何処までも自己の底に自己を越えたものに於て自己を有つ、自己否定に於て自己自身を肯定するのである」（⑩三五二―三五三頁）といっているが、まさしくそこにあるのは「否定の論理」である。

そしてそのことは論理的にもいえるだろう。というのも個物は個物であるかぎり一般を限定することはできない。そこには何の接点もないからである。じつに個物は自己を一般化することによってはじめて一般を限定することができるのである。同様に、一般は一般であるかぎり個物を限定することはできない。一般は自己を個物化することによってはじめて個物を限定することができるのである。しかるに個物が自己を一般化するということは個物であることを否定することであり、同様に、一般が自己を個物化するということは一般であることを否定することである。このような否定の論理は西田哲学に本質的な要素である。

以上のように、絶対矛盾的自己同一というのは、本来は、現象界と実在界との間の相即的な関係を表示するものであった。現象界がすなわち実在界であり、実在界がすなわち現象界であるという意味であった。しかし西田はそれを現象界における主体と客体あるいは行為的自己と環境との関係についても用いるようになり、さらには時間と空間、ノエシスとノエマ、存在と当為、行為と直観等々の関係についても拡大し使用するようになった。「時間的限定即空間的限定」「直線的限定即円環的限定」「ノエシス即ノエマ」「作られたものから作るものへ」、「行為的直観」あるいは「行為即直観・直観即行為」等々である。いずれも相互に対立する作用や方向や局面の間の矛盾的自己同一的な関係を表現している。けれども、仔細に検討すれば、たとえば時間と空間は相互に矛盾対立しているとはいえないし、行為と直観は、後で論ずるように、むしろ相補的関係にあるというべきだろう。

3　場所的弁証法

西田は論文「私の立場から見たヘーゲルの弁証法」(一九三一年)においてヘーゲルの弁証法を「過程的弁証法」として、また自分の説く弁証法を「場所的弁証法」として特徴づけている。ここでいう過程的弁証法を簡略に説明すれば、つぎのとおりである。

あらゆる事物は自分の内に矛盾・対立する要素を含んでいる。同一の原理のいうように、事物は矛盾があってはいけないのではなく、否むしろ矛盾があるからこそ発展もあるのであり、矛盾は発展の原動力である。そして内なる矛盾が大きくなればなるほど事物はますます発展していくが、しかし矛盾は無限に拡大していくわけではなく、ある一定の段階にまで達すると、もうそれ以上に発展しなくなり、反対に事物の発展にとって障碍となり桎梏となる。そのとき事物は急激な質的変化をおこし新しい段階へと進展していく。いいかえれば事物は自分の内なる矛盾・対立をとおして綜合され統一されるのである。したがっていっさいのものは過程であって、つぎの段階にいたるプロセスである。

西田はこうしたヘーゲルやマルクスの弁証法を過程的弁証法と呼び、これに対して、自らの弁証法を場所的弁証法と呼んだ。場所的弁証法というのは、絶対無の場所の自覚的限定としての歴史的現実界そのものが弁証法的な論理的構造を有しているという思想である。先に述べたように、歴史的現実界は内即外・外即内、一即多・多即一という弁証法的な論理的構造を有している。それはヘーゲルのいうように、内なる矛盾とその止揚によって発展していくのではなく、矛盾は矛盾のままに自己同一を保持しているというのである。過程的弁証法の説くように、矛盾が止揚されて自己同一になる(綜合される)のではなく、矛盾が矛盾のままに同時に自己同一であるというのである。いいかえれば世界の進行の過程が弁証法的であるのではなく、世界の内部的構造そのものが弁証法的であるというのである。

西田はいう、止揚され統一されるような矛盾は矛盾でも何でもない、綜合されたり解決されたりしないからこそ矛盾なのである、と。そもそも矛盾が統一されるという考えそれ自体が矛盾である。したがって現実の矛盾はつぎの段階で止揚されて弁証法的に発展していくのではなく、矛盾は矛盾のままで同時に自己同一を保持していると考えなければならない。それが西田のいう「絶対矛盾的自己同一」の意味である。

そしてそこにはわれわれ行為的自己の側の自覚がなければならない。絶対に矛盾対立的であると考えられるものが同時に自己同一を保持していると自覚するのはわれわれ自身である。現象が実在であり、実在が現象であると見るのはわれわれ自身である。正確にいえば絶対無の自覚的自己である。したがって、この意味で、場所的弁証法は自覚の弁証法であるといえるだろう。事実即当為・当為即事実の自覚の弁証法である。

こうした弁証法観の相違は歴史観の相違としてもあらわれている。ヘーゲルの過程的弁証法においては歴史は絶えず進歩し発展している。ある時代の矛盾はつぎの時代において止揚され、より高い段階へと進歩し発展していく。またつぎの時代の矛盾は、さらにつづく時代において止揚され綜合される。こうして歴史は不断に発展していく。こうしたいわゆる進歩史観は近代の西洋思想に共通した特徴であったといえる。それはダーウィンの進化論にも、またマルクス主義の史的唯物論にも見られる。否それどころかニーチェの超人の思想にさえもみとめられる。

これに対して西田の歴史観には、厳密な意味では進歩の観念はない。歴史的現実界は「永遠の今」の自己限定の世界であると考えられている。それは絶対現在が一瞬一瞬に自己自身を限定する世界である。したがって、その一瞬一瞬が絶対的であって、完全無比であり、自己完結的である。この意味で、西田の歴史観はランケの歴史観に近似している。ランケは『近世史の諸時代』において「各々の時代は神と直接している」と述べている。各々の時代はそれぞれに絶対的な意義を有している。これを西田流にいえば、各々の時代はそれぞれ世界の新しい形を創造しているのである。その一瞬一瞬に永遠が宿っている。そしてこの意味では、西田の世界観はスピノザの哲学に似ている。それは「永遠の相の下に」観想される世界である。そこにあるのはまさしく宗教的自覚的世界である（拙著『西田哲学の基層』岩波現代文庫、二〇一一年参照）。

最後に、一言しておきたい。この時期、西田は絶対無の場所の自覚的限定としての世界を、個と個、個と一般との媒介者（M）と考えるようになった。人格的自己である私と汝が相互に限定しあい、また行為的自己と環境とが相互に限定しあっているのが歴史的現実界であるが、絶対無はそれらいっさいのものの根底にあって、そうした相互限定を可能にさせている媒介者として考えられている。ここでは絶対無は以前のような実在的意義から機能的意義に転じており、個と個、自己と環境との媒介者の役割を果たしている。

西田は一時期、自分のいう絶対矛盾的自己同一の論理を記号化して「図式的説明」をおこなっているが、そこでは個物と個物、個物と一般との関係が $\frac{e_1, e_2, e_3, e_4, e_5, \cdots}{A}M$ ないし $\frac{E}{A}M$ とか、M i.e. A≡E（MはA≡Eと合同）とかと記号化されており、あるいはまた $E=+\sqrt{M}$, $A=-\sqrt{M}$ とも表記されている。この場合、Mは世界、Eは個物（Einzelne）、Aは一般（Allgemeine）を指していると思われるので、個物と一般が相互に限定しあうということは世界が自己自身を限定することであるということをあらわしている。すなわち世界はM（Medium）すなわち媒介者として位置づけられている。これをいいかえれば、形而上学的場所が弁証法的世界として現在化するにともなって、場所の論理は以前のような述語の論理から繋辞の論理に転回したといえるだろう。

4　三種の世界

絶対無の自覚的限定の世界は歴史的現実界であるが、それをノエマ的方向に限定した世界が物質的世界であり、また反対に、ノエシス的方向に限定した世界が生命的世界である。したがって物質的世界と生命的世界は歴史的世界の二つの抽象的限定面である。それで物質的世界と生命的世界と歴史的世界は三つの異なった世界であるのではなく、一つの世界の相互に重なりあった三つの層と考えなければならない。この点は、「場所」の時期における三つの場所(有の場所・意識の野・絶対無の場所)や三つの一般者(判断的一般者・自覚的一般者・叡智的一般者)の場合と同様である。基本的な考え方は少しも変わっていない。

西田によれば、物質的世界は時間的限定即空間的限定・空間的限定即時間的限定であるような弁証法的世界からいわば時間的限定の意義を極小にした世界である。いいかえれば弁証法的世界をその空間的限定に即して見た世界である。ここでは、時間は空間に即して考えられる。

それゆえ物質的世界においては時間は真に独立的ではなく、したがってまた時間は独自の性質を有していない。それは空間的な時間であり、空間化された時間であって、過去から現在へ、現在から未来へと均質的に進行する時間である。西田はこれを、因果論的に過去から決定される時間である、といっている。ゆえに、物質的世界においては新しいものはなんら創造されない。時間が同質的であるとともに、個物もまた同質的であり、物質的世界は同質的なものの集合となる。そこでは同一の物、同一の形が反復されるだけである。

このような物質的世界を、西田は「多の一」の世界であるとか、「多から一へ」の世界であるとかいっている。「多の一」の世界というのは空間的世界ということであり、また「多から一へ」の世界というのは機械論的世界ということである。それを「多の一」とか「多から一へ」とかいうのは、要するに、物質的世界は個物的多の方に力点がおかれた世界であるということである。そうして、その場合、個物的多というのは、なんら個性をもたない均質的な「物」にすぎない。ここでは、個物と個物は内的な関係をもたず、ただ外的に関係するにすぎない。いいかえれば、それは個物の自己限定の意義を極小にした世界である。したがって、そこで考えられている個物は真の個物とはほど遠いものである。原子や分子は同質的であって、それらはただ力学の一般法則にしたがうだけである。それゆえ物質的世界は、現在が過去から決定された機械論的・因果論的世界である。

これに対して生命的世界は、時間的限定即空間的限定・空間的限定即時間的限定であるような弁証法的世界を、その時間的限定に即して見た世界である。ここでは、各々の個物は自分に固有の異質的な時間を有している。いいかえれば、生命的世界は全体的一の方に力点がおかれた世界であり、西田はそれを「一の多」の世界、あるいは「一から多へ」の世界であるといっている。「一の多」の世界というのは時間的世界ということであり、「一から多へ」の世界というのは目的論的世界ということである。要するに、生命的世界は個物的多が全体的一になろうとする世界であると考えられる。しかし、ここでは個物的多が全体的一に対立していない。個物が真に独立的ではない。したがって歴史的進展の過程は全体的一の目的論的進行と考えられる。

物質的世界における個物の典型が「原子」であるとすれば、生命的世界における個物の典型は「細胞」である。一般に、生命は環境を自己に同化させることによって生きるが、この同化は細胞作用にもとづいている。したがって生命は自己を個物的多として環境を同化させるのである。細胞作用は世界の同時存在面(空間的時間)においては物質と異ならないが、時間的空間(西田のいう歴史的空間)においては異なった曲線を描く。細胞作用は単なる物理的・化学的作用とは考えられない。それは外部からの力によってと同時に自発的に内部からの力によって動く。それゆえ生命的世界は、物質的世界のように現在が過去から決定される世界ではなく、むしろ現在が未来から決定される目的論的な世界であるといえるだろう。生命の過程が再々、創造の過程と考えられるゆえんである。

しかしながら、生命的世界においては、まだ真に個物が環境と対立しあうということがない。個物が自己自身を限定するということがない。いいかえれば生命は環境から独立的ではない。この点を西田は、生命的世界においては、まだ作られたものが作るものに対立していない、作られたものが作るものから独立していない、ここでは「作られたものから作るものへ」ではなく「作られたものから作られたものへ」である、といっている。

最後に、歴史的世界は時間的限定が真に空間的限定であり、空間的限定が真に時間的限定であるような世界である。あるいは個物的多が同時に全体的一であり、全体的一が同時に個物的多であるような世界である。それは物質的世界のように、弁証法的世界をその空間的限定に即して見た世界でもなければ、生命的世界のように、その時間的限定に即して見た世界でもない。それは機械論的に現在が過去から決定される世界でもなければ、目的論的に現在が未来から決定される世界でもない。現在が、その一瞬一瞬に、現在自身を限定する世界である。真に自由な、また真に創造的な世界である。作られたものが、作るものによって作られたものでありながら、同時に作るものを作っていく。いいかえれば作られたものが作るものであり、作るものが作られたものである。こうして、作られたものから作るものへと不断に自己形成的な世界である。一即多・多即一の世界である。

歴史的世界においては、個物と個物が相互に限定しあうということと、作られたものから作るものへと世界が世界自身を限定していくということとは同一である。個物と個物の相互限定即一般者の自己限定である。歴史的世界は個物が自己否定的に環境を形成し、環境が自己否定的に個物を形成するポイエーシスの世界である。そしてわれわれはこのような創造的世界の創造的要素である。ライプニッツのモナドのように、世界全体を映すミクロコスモスであるとともに、世界の一構成要素なのである。西田の用語を用いれば、世界のパースペクチーフの一観点であり、表出即表現である。この点については後述することにしたい(本章第6節を参照)。

前述したように、物質的世界は歴史的世界のノエマ的限定面であり、生命的世界は歴史的世界のノエシス的限定面であるが、しかし再々述べたように、西田哲学においてはノエシス的なものはノエマ的なものを包むと考えられているので、この点から見れば、歴史的世界から生命的世界をへて物質的世界にいたる過程は、絶対無の自覚的限定の抽象化の過程とも見ることができるだろう。すなわち、もっとも具体的な世界が歴史的世界(人間界)であり、ついで生命的世界(生物界)であり、そしてもっとも抽象的な世界が物質的世界(物質界)である。しかもそれらは三つの独立した世界ではなく、同一の世界の三つの層である。

5　行為的直観

行為的直観とは、絶対矛盾的自己同一の世界を行為的自己の側からその主体的行為をとおして見たものである。歴史的現実界は、これを行為的自己の側から見ると、行為即直観・直観即行為といった絶対矛盾的自己同一的構造を有している、と西田はいう。

通常、行為というのは能動的であり、反対に、直観というのは受動的であると考えられている。あるいはまた行為は動的であり、直観は静的であると見られている。したがって、行為と直観は相互に対立的であり矛盾的であるから、両者が相即的で相補的な関係にあるというのは不合理であるように思われる。しかし、はたしてそうであろうか。

これをポイエーシスを例にとって考えてみよう。ポイエーシスというのは芸術的制作作用のことである。ポイエーシスにおいては行為と直観はどのような関係にあるだろうか。たとえば画家が絵を描く場合を考えてみると、その場合、画家はいきなり絵筆をとってカンバスに向かい絵を描き始めるというようなことはしない。絵を描くには、まず興趣がわかないといけない。描きたいという欲求が内から生じてこなければならない。興趣も欲求もないのに絵を描いても、良い作品は生まれないだろう。

画家はある対象を見て興味をいだく。その対象に魅了され惹きつけられる。見れば見るほどその対象に魅惑され、それを描きたいという欲求が内から生ずるのを感ずる。そしてそうした欲求に衝き動かされて画家は絵筆をとりカンバスにその対象を描く。描きたいという欲求が生じたときは、画家はすでにその対象と一体になっているのであり、対象のなかに入っていっているのである。あるいは反対に、その対象は画家のなかに入ってきて、内から「描け、描け」と呼びかけているのである。

だとすれば、絵を描くという「行為」の前に、対象を見るという「直観」があることになるだろう。行為は直観を前提する。直観をとおして行為が生ずる。直観が行為を促す、否、行為を生むのである。したがって直観即行為である。このように直観と行為は矛盾的で対立的な関係にあるのではなく、むしろ相即的で相補的な関係にあるといえるだろう。

また、このようにして描かれた絵は、やがて画家の手から離れ、芸術作品として鑑賞や投機の対象となる。けれどもその絵に描かれた中身は、まぎれもなく画家の理想であり願望であり理念である。いいかえれば画家自身である。画家は絵を描くことによって自己自身を発見するのである。この意味では、絵のなかに描かれているのは外なる対象ではない、画家の内なる思いであり、考えであり、願いである。それはたとえばピカソの『ゲルニカ』を見れば瞭然であろう。そこにはピカソ自身の平和への熱い願いが込められている。だとすれば、絵を描くという行為によって、画家は自己自身を直観するのであり、発見するのである。それまで自覚していなかった自己自身を知るのである。したがって行為をとおして直観が生ずるといえる。行為が直観を生むのである。否むしろ行為は直観であり、行為即直観である。

この行為的直観の思想に関して、なお二点ほど付言しておかなければならない。

一つは、行為的直観の思想はこのように行為と直観との相即的・相補的関係を説くものであるが、その場合、明らかに直観の方に力点がおかれていることである。真に創造的な行為は事象に対する深い洞察より生ずる。これを西田流にいえば、歴史的現実界における創造的行為は絶対無の自覚的限定としてのみ生ずる。世界の創造は絶対無の自覚にもとづくものでなければならない。この点で、西田の行為的直観の思想を「行為のための直観」と解釈した田辺元は西田を誤解したことになるだろう。西田の行為的直観はカント流の道徳主義的な立場からではなく、むしろプロティノス的な観照の立場から説かれたものである。この点は、西田がポイエーシスを説明するとき、直観が行為を生むという点を強調して、反対に、行為が直観を生むという側面については何も語っていないこととも関連するだろう。

西田が行為的直観を説いている箇所を仔細に検討すると、一見、それが行為即直観・直観即行為のような行為と直観との相即的で相補的な関係を説いているように見えて、実際はもっぱら直観即行為の側面に力点をおいて説いていることがわかる。そこに西田の直観主義が鮮明にあらわれているといえるだろう。そしてこのような直観主義は、たびたび触れたように、『善の研究』以来、西田に一貫した主張であった。

また、これと関連して、つぎの点も留意しておかなければならない。たとえば画家が一輪の花を見て興味をいだき、それを描きたいという欲求が生じたとき、画家はそのときすでにその花と一体になっているのであり、その花のなかに入っていっている、あるいは反対に、その花が画家のなかに入ってきているということを述べた。すなわち画家は主客未分、物我相忘の状態にある。これこそ真実の世界であるが、そうした境涯を西田は「物となって見、物となって行う」という言葉で表現した。ときに「物となって見、物となって考える」といったり、「物となって考え、物となって行う」といったりもするが、その内容は同じである。

西田は行為的直観について、じつにさまざまな仕方で表現している。たとえば「物来って我を照らす」といったり、「物によって照らされる」といったり、あるいはまた「物の中に入って物の中から物を見る」といったり、「物の真実に行く」といったりしている。

この最後の「物の真実に行く」というのは、本居宣長の『直毘霊《なおびのみたま》』にある「物にゆく道」という言葉を西田流に表現したものであり、また「物となって見、物となって行う」というのは、道元の「現成公案《げんじょうこうあん》」にある「自己をはこびて万法を修証《しゅしょう》するを迷とす、万法すすみて自己を修証するはさとりなり」という言葉と内容的に符合している。実際、西田は自分のいう「行為的直観」を説明するとき、しばしばこの道元の言葉を援用している。したがって、この点から見れば、西田の行為的直観の思想は伝統的な日本人の思惟方法に掉さすものであるともいえるだろう。西田は自分の哲学を「絶対的客観主義」といっているが、こうした行為的直観の思想こそ、西田にとっては徹底して現実に即した考え方なのである。

6　作られたものから作るものへ

行為的直観が、現実の絶対矛盾的自己同一的世界を行為的自己の側からその主体的行為に即して見たものであるとすれば、「作られたものから作るものへ」は、それを世界の側から世界の自己形成に即して見たものであるといえるだろう。西田によれば、歴史的現実界は「作られたものから作るものへ」の世界である。ここで「作られたもの」というのはわれわれの行為的自己を指しており、また「作るもの」というのは外的な世界とくに環境を指している。われわれの自己は環境によって作られたものである。しかしながらわれわれは、ただ環境によって作られたものではなく、同時に環境を作っていくものでもある。同様に、環境はわれわれを作るものであるが、同時にわれわれによって作られるものでもある。

すると自己と環境との関係は「作られたもの」と「作るもの」との関係であるが、その場合、「作られたもの」は同時に「作るもの」であり、また「作るもの」は同時に「作られたもの」である。しかるに「作られたもの」が「作るもの」であり、「作るもの」が「作られたもの」であるというのは矛盾であるが、自己と環境との関係はまさしくこのような「絶対矛盾的自己同一」の関係にある。

これを生物と環境との関係と比較してみよう。生物は環境によって作られる。しかし、生物は人間と違って、環境を作るということはない。ただ環境に適応し順応するだけである。したがって、そこには創造ということはない。いつも同じ本能的行動を繰り返すだけである。それを西田は「作られたものから作られたものへ」の世界だといっている。あるいは生物的身体は「環境に付着している」といういい方もしている。要するに、生物は環境から独立しておらず、生物の行動は受動的で受容的であるというのである。

これに対して、人間は環境によって作られながら、同時にその環境を作っていく。この点で創造的である。西田は生物の身体を生命的身体と呼び、人間の身体を歴史的身体と呼んでいる。人間の住む世界は単なる生命的世界ではない、歴史的世界である。それと同様に、われわれの身体は単なる生命的身体ではなく、歴史的身体である。

このように行為的自己と環境は相互に相即的で相補的な関係にある。それぞれが「作られたもの」であると同時に「作るもの」である。したがって西田哲学においては、環境は単なる客体としてではなく同時に主体として考えられている。そしてこの点で、西田の考えはマルクスと一致していた。マルクスはいう、「これまでのすべての唯物論の主要な欠点は、対象、現実性、感性がただ単に客体あるいは直観の形式のもとでのみとらえられていて、人間の感性的な活動や実践としてはとらえられず、主体的にとらえられていないことである」(『フォイエルバッハに関するテーゼ』)。マルクスと同様、西田も環境を単なる客体としてではなく、われわれの自己を作る主体的な存在として考えていた。先にも述べたように、歴史的現実界の構造は個物と個物の相互限定即一般者の自己限定であるが、この場合、われわれの行為的自己も環境もともに個物として考えられている。主体的な個物と個物すなわち行為的自己と環境——この場合、人格的汝もまた一つの個物——が相互に限定することによって一般者すなわち歴史的現実界が形成されていくというのが、この命題の趣意である。

しかしながら西田とマルクスの実践概念はまったく異なっている。むしろ対立的であるといってもよい。周知のようにマルクスの実践概念は政治的であり、歴史的である。これに対して西田のそれは観想的であり、芸術的であるといえるだろう。マルクスにおいては社会を変革するような革命的実践というものが説かれたが、西田は世界の新しい形の創造を説いた。この意味で、西田は自分の哲学を「形の論理」であるといっている。それは芸術において典型的に見られるような行為であり、実際、西田は行為や実践を説くときつねにポイエーシスをモデルにしている。

こうした実践概念の観想的性格は西田哲学に本質的であって、それは西田哲学の宗教的ないし芸術的性格をよくあらわしている。西田にとってはプラクシスはポイエーシスであり、ポイエーシスはプラクシスであった。西田哲学にあれほど深い理解を示した三木清と務台理作が、結局、西田哲学から離れていったのも、西田哲学では現実を変革することはできないという認識によるものであった。両者の批判はともに、西田哲学の実践概念の観想的でポイエーシス的な性格に向けられていた。

たしかに西田は、歴史的世界においてわれわれに与えられるのは、単に与えられるものではなく、課題として与えられるものであって、世界はわれわれにその課題に対する解決を迫るものであるとか、行為的直観的にわれわれに臨む世界は、われわれに生死を迫るものであるとかいっている。歴史的世界は「生か死かの戦い」であるといったり、われわれの自己の底にまで迫って、「魂の譲渡をもとめる」といったりもしている。さらには、そうした課題を解決するところに歴史の進歩や発展というものがある、といったりもしている。

しかし、仔細に検討してみると、それらはどちらかというと心境的なものであり、自覚的な要素が強い。進歩というよりも進行であり、発展というよりも進展である。西田のいう実践は社会を変革していくという意味での実践ではなく、自覚を深めていくという意味での実践、すなわちポイエーシス的実践の要素が強い。歴史的世界の自己形成は「進歩の相の下に」見られているのではなく、「永遠の相の下に」見られており、したがってそこにみとめられるのは、社会のさまざまな進歩や発展というよりも、さまざまな形や形態の変化である。メタモルフォーゼである。それは芸術や宗教の世界を説明するには都合がよいが、社会的・政治的実践を説明するには必ずしも適していないように思われる。そしてこの点が、西田の実践概念の問題点ないし課題であるといえるだろう。

西田哲学は本質的に文化の哲学であって、政治の哲学ではなかった。西田はわれわれの自己を「創造的世界の創造的要素」であるといっているが、それは文化的世界の創造的要素であるという意味である。絶対無の自覚的立場から見れば、歴史的現実界は「永遠の今の自己限定」の世界であり、したがってその一瞬一瞬が絶対的であって、永遠なものに触れている。その一瞬一瞬が新しい形の創造である。この点で西田哲学は、先述したように、いっさいのものを「永遠の相の下に」観想することを説いたスピノザの哲学と類似しており、また「各々の時代は神と直接している」と説いたランケの歴史観と共通した性格を有している。

7 物の論理と心の論理

西田の晩年の著作に『日本文化の問題』(一九四〇年)と題する小冊子がある。これはもと京都帝国大学での同名の講演を大幅に敷衍して岩波新書の一冊として出版したものである。それは、日本精神とか大和魂とかいった頑迷きわまりない政治的スローガンが鼓吹され、国粋主義的な風潮がきわめて強かった当時の社会的状況を考慮しなくては理解することのむつかしい書物である。この小著を読めば、一つひとつの文章の行間に西田の魂の悲痛な叫びを聞き取ることができる。戦前・戦中に跋扈した日本主義や皇道精神のもつ偏狭性と非論理性を痛烈に批判し、自分の生命を賭して、学問の科学性と普遍性を訴えようとする気迫がひしひしと伝わってくる。その勇猛な精神が本書をロングセラーにした一つの要因であるのだろう。

しかし同時に、この本はただ単に時代精神に対する批判としてだけでなく、純粋に一個の日本文化論あるいは比較文化論としても学問的にきわめて水準の高い、示唆に富んだ、味わいのある書物である。日本文化の特質や東西の文化の異同について、ただ自分の思いつきや印象を綴ったものではなく、哲学的な観点から深く考えぬかれた日本文化論であり、また比較文化論である。

『日本文化の問題』の序で、西田は、学問は公明正大で物の真実に徹するものでなければならないということを強調し、西洋文化と東洋文化はその共通の母胎である原文化から派生したもので、西洋の文化は「学」としての科学であるのに対して、東洋の文化は「教」としての学問であるのが特徴であること、また西洋の論理は「物」を対象とした論理であるのに対して、東洋の論理とくに仏教は「心」を対象とした論理であることを指摘して、以下の比較文化論の基礎にすえている。

西田によれば、一般に西洋の文化は空間的で理知的である。一言でいえば「有」の文化である。それは形のあるもの、つまり「形相」を実在と考える。これに対して東洋の文化は時間的・情意的であり、一言でいえば「無」の文化である。それは絶対に対象化できないもの、またその意味で、形のないものを実在と考える。西田がここで「無」の文化と呼んでいるものは、とくに仏教思想や日本文化にあてはまるだろう。西田自身の「絶対無の自覚」の哲学もこうした文化の一つの表現形態と見てよい。

無論、西洋文化は空間的であるといっても、そこに時間的なものがないわけではない。キリスト教文化はよほど時間的な文化であって、歴史が中心になっている。しかし、それにもかかわらずキリスト教の神は人格神として一種の形をもったものであり、キリスト教文化の産物である近代科学は歴史性を否定した空間的性格をもっている。一方、インド文化は時間的ではなく、逆に無時間的であり理知的であるともいえるが、ギリシア文化と異なって、その根底には無常観がある。それは一種の時間的・情意的性格をもったものである。

では日本文化の特質はどこにあるか。西田は、日本文化は形のない文化であり、音楽的な文化である、と考えている。形のない文化であるということは無の文化であるということであり、音楽的な文化であるということは時間的で情意的な文化であるということである。西田によれば、日本文化は固定した形というものをもたない文化であって、自分自身の形をもたないから、どのような形の文化をも摂取し、またそのことによって自分自身の独特な形というものを形成してきた。一般には、それは主体性や独創性の欠如のあらわれであると批判されたりもするが、西田はむしろそこに「無」というもののもつ無限に包容的で創造的な性格を見ようとしている。

この点に関連して筆者は、日本文化の本質は、ひょっとしたら「風呂敷」や「色紙《いろがみ》」にあるのではないかと考えている。「風呂敷」は自分自身が特定の形をもたないから、どのような形のものをも包むことができる。自分に形があれば、その形に合わないものを包むことはできない。同様に、「色紙」は自分自身の形をもたないからこそ、どのような形にでも変化することができる。無から無限の形が創造される。

だとすれば、形がないということは必ずしも欠点ではない。形がないからこそ創造的なのである。西田も、「日本文化は次々に外国文化をそのまま採り入れて自分が又変って行くところに特長を有ち、種々な文化を綜合して行く、そこに日本文化の優秀な所以がある」(⑬三〇頁)と語っている。

このように西田は講演のなかで、日本文化が世界の諸文化を摂取し、それを統合して総合的な世界文化を創っていく可能性を指摘しているが、『日本文化の問題』では、さらに西洋文化を「物」の論理として、また東洋文化、とくに日本文化を「心」の論理として特徴づけている。

ここで西田が物の論理とか心の論理とかいっているのは、世界の自己形成を「主体から環境へ」という方向に重心を置いて見るか、反対に「環境から主体へ」という方向に重心を置いて見るかの違いである。西田の考えでは、西洋文化は大体において「環境から主体へ」という方向に重心を置いた文化であるのに対して、東洋文化は「主体から環境へ」という方向に重心を置いた文化である。ここで「環境から主体へ」というのは環境を主体化する方向であり、「主体から環境へ」というのは主体を環境化する方向であると考えられる。それを西田は「物」の論理と「心」の論理として特徴づけているのである。

日本文化も「心」の論理であるが、インド文化と異なって日本文化の特質は、この「心」の論理を単に心境的なものにとどめるのではなく、どこまでもそれを現実の場に表現していくところにある。そして西田自身は、そうした精神は「主体から環境へと云う方向に於て、何処までも自己自身を否定して物となる、物となって見、物となって行う」「己を空うして物を見る、自己が物の中に没する」(⑨五六頁)ところにあると考えている。また、こうした精神がわが国古代の「清明心《きよきあかきこころ》」、親鸞の「自然法爾《じねんほうに》」、道元の「柔軟心《にゅうなんしん》」、宣長の「物にゆく道」に通底したものだと考えている。

西田は、このように「物となって見、物となって行う」とか、「物の真実に行く」ところに日本文化の特質を見、それが西洋の科学的精神とも結びつくと考えている。日本精神は、その本質において東洋的でありながら、しかも「理から理へ」と理が単に理にとどまることなく、さらに「理から事へ」と理が事の世界へ浸透していくところに特色がある。主体から主体を超えて主体の底に「物の真実に行く」という日本精神においては、そこに東洋文化の伝統的な精神が生かされているとともに、それは直ちに「環境から主体へ」という西洋文化の精神すなわち科学的精神とも結合している。そして、このような意味において、まさしく東西文化の結合を日本にもとめることができる、と西田はいうのである。

『日本文化の問題』は、和辻哲郎の「重層文化論」、丸山眞男の「座標軸のない文化」、石田一良《いちろう》の「関数主義」あるいは「着せ替え人形説」等の文化論の先鞭をつけるものであって、およそ日本文化を論ずるにあたっては欠かすことのできない文献であるといえるだろう。西田自身は自分はその方面の専門家ではないと断っているが、日本文化論に最初の哲学的基礎をあたえた思想家として銘記されるべきであろう。

8　世界の自己の自覚

最後に、絶対矛盾的自己同一と世界の自覚との関係について触れておかねばならない。これまで再々、西田哲学は自覚の論理であるということを力説してきた。西田哲学の出発点は純粋経験であり、純粋経験というのはいわば自覚が自覚として意識される以前の直覚的な意識現象であった。そうした純粋経験に反省の契機が加わり、「自己が自己を見る」という自覚の最初の形式が成立して、それが自覚の自覚あるいは自覚の極限としての絶対自由意志の立場に進展した。それは意識的自覚という性格の強いものであったが、さらにプラトンのコーラの概念に触発されて、それまでの意識的自覚は「自己が自己に於て自己を見る」という場所的自覚に転回し、その究極において「絶対無の自覚」の思想に到達した。絶対無の自覚は、われわれの自己の方からいえば、自己の根底が絶対無であるということの自覚であるとともに、絶対無の場所の方からいえば、場所自身の自覚でもある。

こうして個と普遍の相即、あるいは「包むもの」が「包まれるもの」であるという西田哲学の根本的立場が確立された。それが西田哲学の前期の思想である。これを平たくいえば、われわれの自己から出発して、自己の根底が絶対無であるという自覚にいたる行程である。仏教用語でいえば往相あるいは向上の過程である。これに対して、後期の西田哲学は歴史的現実界を絶対無の場所の自覚的限定として叙述しようとするものである。還相あるいは向下の過程として明らかにしようとするものである。

既述したように、西田が世界という場合、その世界は絶対無の自覚的限定としての世界を指している。いいかえれば西田は自覚的世界を考えているのであって、日常的世界を考えているのではない。したがって、そこで論じられている行為的自己は人格的自己であって、日常的自己ではない。そのことは「私と汝」と「僕と君」という用語法の区別に見られることは先に指摘しておいたとおりである。

歴史的現実界は行為的自己であるわれわれが一瞬一瞬に創造していく世界であるが、そこでいう自己は絶対無の自覚にもとづいた自己である。絶対無の自覚的限定としての自己である。西田がわれわれの行為的自己を「創造的世界の創造的要素」という場合、その自己はこうした自覚的自己のことである。したがってそこでは自己は世界であり、世界は自己である。歴史が作られるということは、世界が世界自身を作るということであり、同時に、自己が自己自身を作るということである。あるいはまたそれは世界が自己を作るということであり、自己が世界を作るということでもある。晩年の大部の論文「自覚について」(一九四三年五月)において、西田はこの辺の事情を、「世界が自覚する時、我々の自己が自覚する。我々の自己が自覚する時、世界が自覚する。我々の自覚的自己の一々は、世界の配景的一中心である」(⑨五二八頁)と述べている。この一文に西田哲学の核心が語り尽くされているといえるだろう。

前にも述べたように、西田哲学は絶対的個物主義である。それは個物主義を徹底した立場である。では個物主義を徹底するとどうなるか。西田の考えでは、徹底した個物主義は徹底した世界主義である。世界そのものに徹底した立場である。西田はそれを絶対的客観主義ともいっている。それは個物が徹底して自己を否定する立場であり、自己が世界となる立場である。しかしそれによって自己は無となるのではなく、むしろ真の自己となるのである。世界の自己となるのである。

同じく「自覚について」のなかで、西田はデカルトやカントの哲学——西田はそれを主観主義と呼んでいる——と自分の哲学との異同をつぎのように語っている。「此等の人々と私との根本的立場の相違は、自己から世界を考えるか、世界から自己を考えるかにあるのである。我々の自己は此の絶対矛盾的自己同一的世界の個物的多として、創造的世界の創造的要素として生れるのである」(⑨四九〇頁)。西田のこの言葉は、先述したように、道元の「現成公案」にある「自己をはこびて万法を修証するを迷とす、万法すすみて自己を修証するはさとりなり」という言葉とまったく符合している。そこに東洋的な、というよりも日本的な実在観があるといえるだろう。繰り返していえば、それは自己を世界の側から、その一要素として見る立場であり、世界の自覚的自己の立場である。

第六章

逆対応

――自己と超越者

書斎

1　逆対応の論理とは何か

西田の最晩年の思想は一般に「逆対応」の論理と呼ばれている。これは遺稿「場所的論理と宗教的世界観」(一九四五年二月四日－同年四月十四日)において展開されたものである。当初は、浄土真宗の信仰に哲学的基礎を与えようと企図されたものであったが、執筆の過程で、ただ単に浄土真宗だけでなく、広く宗教一般に通用する論理であることを確信して、禅宗やキリスト教をも含めたすべての信仰に内在する論理として提示されている。同論文において超越者をあらわす言葉として、従来の絶対無という言葉に代えて「絶対的一者」という言葉を多用しているのもそのことと関連があると思われる。

逆対応というのは自己と超越者、あるいは相対と絶対との間の宗教的関係をいう。西田によれば、たとえば神と人間、仏と衆生との間には相互に自己否定的な対応関係がみとめられる。一方の側の救いを求める声に対して、他方の側からの応答がある。自己の側の悲痛な声が強ければ強いほど、また真剣であればあるほど、超越者からの呼びかける声は強くなり確実なものとなる。つまり自己の救済がますます確信されていくのである。

たとえば浄土真宗では二種深信《にしゅじんしん》とか機法一体ということがいわれる。二種深信というのは、一つは、自分は罪悪深重《じんじゅう》・煩悩熾盛《しじょう》の凡夫であって、自分の力をもってしてはとうてい往生はかなわないという衆生の側の確信であり、もう一つは、そうした悪人をこそ救ってやろうという阿弥陀仏の誓願に対する信仰である。こうした衆生の凡夫であるという確信すなわち「機」と、阿弥陀仏の救済に対する信仰すなわち「法」が一体となってはじめて浄土真宗の絶対他力の信仰が成立する。絶対と相対との間に見られるこうした宗教的関係を西田は逆対応と呼んだのである。

では絶対と相対との間の逆対応の関係を論理化するとどうなるか。

絶対とは、文字どおり、対を絶したものである。何かに対するものは相対であって絶対ではない。だから絶対は何ものにも対することはない。何ものにも対しないからこそ絶対なのである。しかし、何ものにも対しないものは無であって、何ものでもない。およそ有るものは何かに対して有るのである。したがって絶対は、もしそれが有るものであるとすれば、何かに対して有るのでなければならない。しかしそれは矛盾である。何かに対してあるのは相対であって絶対ではないからである。絶対は自己矛盾的存在である。

ではわれわれは真の絶対をどのように考えたらいいだろうか。西田の考えはつぎのとおりである。

絶対は自分自身を否定し、その否定した自分自身に対するのである。というのも絶対は相対に対することはできないが、しかし何ものにも対しないのは、それ自身、何ものでもないからである。絶対とは、いわば自己否定の働きであって、不断に自分自身を否定する。そうしてそのように否定された自分自身に対するのである。この絶対の否定態こそ相対にほかならない。この意味で、相対は絶対の顕現であり、自己限定の諸相である。絶対は自己を否定することによって自己を相対化し、そして相対化した自己に対するのである。これが絶対と相対の真実の関係である。

同様に、相対はそれ自身では絶対に対することはできない。もし相対が絶対に対するとすれば、その場合、相対はもはや相対ではなく、絶対であることになるだろう。あるいは相対に対する絶対はもはや絶対ではなく、一つの相対であることになるだろう。

では相対はどのようにして絶対に対することができるだろうか。西田の考えはつぎのとおりである。

相対は自分自身を否定することによってはじめて絶対に対することができる。しかるに相対が自分自身を否定するとは、相対であることを否定して絶対になることである。それゆえ相対は自己を否定して絶対になることによってはじめて絶対に対することができる。

だとすれば、絶対も相対も、ともに自己を否定することによってはじめて相対《あいたい》することができる。対極の位置にある絶対と相対は相互の自己否定をとおして対面していることになるだろう。そうして絶対と相対との間のこうした相互否定的な対応関係を、西田は「逆対応」と呼ぶ。宗教的信仰において人間と神、衆生と仏が相対するのは、こうした逆対応によるのである。

逆対応の宗教的関係が浄土真宗の信仰に典型的に見られることは前述したとおりである。一方に、弥陀の救済をもとめる衆生の声があり、他方に、迷える衆生を救おうとする仏の呼声がある。それが「南無阿弥陀仏」の六字の名号において結合し一体となる。この名号は阿弥陀仏に救いをもとめる衆生の側から発せられる悲痛な声であると同時に、たとえ地獄に落ちてでも衆生を救わんとする阿弥陀仏の側から発せられる悲願の声でもある。こちら側からの「求める声」とあちら側からの「呼びかける声」が相互に逆対応している。それが二種深信や機法一体観の根底に見られる論理的構造であるというのである。そして、そうした関係を衆生の側から見れば、「善人なおもて往生をとぐ、いわんや悪人をや」の信念となり、「弥陀の五劫《ごこう》思惟《しゆい》の願をよくよく案ずれば、ひとえに親鸞一人がためなりけり」の確信となるのである。

絶対と相対との間のこうした逆対応の関係は、キリスト教のいわゆる「神のケノシス」の思想にもみとめられるだろう。ケノシスというのは「謙虚あるいは自己を空しくすること」の意であるが、『ピリピ人《びと》への手紙』には「キリストは、神の形であられたが、神と等しくあることを固守すべき事とは思わず、かえって、おのれをむなしうして僕《しもべ》のかたちをとり、人間の姿になられた。その有様は人と異ならず、おのれを低くして、死に至るまで、しかも十字架の死に至るまで従順であられた」とある。こうした神の子の受肉は、人間の側から見れば、「もはや私が生きているのではない、キリストが私の内で生きておられるのである」という確信になり、「アダムによってすべての人が死に、キリストによってすべての人が生かされる」という信念になる。そこには、神の自己否定的な働きと人間の自己否定的な働きとの間の逆対応的関係がみとめられる。

また西田は逆対応を説明する際、しばしば大燈国師の「億劫《おっこう》相別れて而も須臾《しゅゆ》も離れず、尽《じん》日《じつ》相対して而も刹那も対せず」という花園天皇にあたえた偈を援用している。これもまた絶対と相対、仏と衆生との間の絶対矛盾的、逆対応的な関係を表現したものと見ることができる。仏教の性相不二の考えからすれば、仏と衆生はけっして別個のものではない。仏が自己否定的に衆生なのであり、衆生が自己否定的に仏なのである。だから仏と衆生は絶対に隔絶しているとともに、寸毫も離別していない。両極端にあるものが相互に自己否定的に対応しあっている。仏と衆生との間に見られるこうした即非的関係を表示するのに、「逆対応」という言葉がうってつけだと西田は考えたのである。

もっともこの場合は、正確にいえば、仏と衆生は、阿弥陀仏と衆生、神と人間の場合のように必ずしも別個の人格ではない。同じ人間がもっている絶対的な局面と相対的な局面である。けれども、そこに相互の否定的な対応関係が見られるという意味では同じく逆対応である。だとすれば、逆対応は、いわゆる自力的な宗教と他力的な宗教とを問わず、広く宗教一般に本質的な要素であるといえるだろう。

このように逆対応は、われわれの自己と超越者、絶対と相対、神と人間、仏と衆生等の間に典型的に見られる宗教的関係を表示する概念である。相互に対極にあると考えられるものが相互の自己否定をとおして逆方向から対応しあっている。一方の否定の働きと他方の否定の働きが相互に対応しており、この二つの働きは相即不離というよりも、一体不二の関係にある。そしてこのような自己否定的な対応関係が逆対応と呼ばれるのである。このことは、たとえば「神は自己否定的に逆対応的に個に対する」とか、「われわれの自己は、ただ死によってのみ、逆対応的に神に接する」とかいった表現からも明らかだろう。

逆対応という言葉は、内容的にはこれまで「逆限定」とか「逆作用」とか呼ばれていたものにあたるだろう。しかし宗教的な人格的関係を表現するのに逆限定とか逆作用とかいった言葉はあまりふさわしくないので、逆対応という表現が用いられたのではないかと思われる。

2　絶対矛盾的自己同一と逆対応

では逆対応と絶対矛盾的自己同一とはいったいどのような関係にあるだろうか。逆対応の論理は西田の遺稿においてはじめてあらわれたものなので、その思想をめぐっては種々の論争があった。その経緯について詳述する余裕はないが（拙著『西田哲学と宗教』大東出版社、一九九五年参照）、基本的には、絶対矛盾的自己同一の論理と違いはない。絶対矛盾的自己同一の「絶対矛盾的」という要素が宗教的な意味において深められたものと考えていいだろう。それは、たとえば「否定即肯定の絶対矛盾的自己同一の世界は、何処までも逆限定の世界、逆対応の世界でなければならない」⑩三二五頁）という言葉にあらわれている。

しかるに、西田の絶対矛盾的自己同一の思想はとかく自己同一の方に力点がおかれていて、否定性の契機が欠如しているという指摘があった（高坂正顕・北森嘉蔵・鈴木亨等）。これらの人に共通しているのは、西田の場所の論理を般若即非の論理と符合するものと見て、絶対矛盾的自己同一は般若即非の論理の「即」の面を、また逆対応の論理はその「非」の面をあらわすと解釈していることである。田辺元も、西田の絶対矛盾的自己同一に対しては批判的であったが、逆対応については「相互反対なものが、或は逆なものが、逆のままで相呼応し互に結びつくというのです。その関係を西田先生は逆対応、逆限定と呼んでおられます。まことに適切な概念である」と賛意を表したあとで、「これを先生は久しく絶対矛盾の自己同一と呼んでおられました」と述べている（『哲学入門』補説第三、『田邊元全集』第十一巻、筑摩書房、一九六三年、四九二頁）。

しかし逆対応の論理は絶対矛盾的自己同一の論理と別個のものではない。むしろ絶対矛盾的自己同一の内、その「絶対矛盾的」という側面を強調した言葉として理解されるべきだろう。これに対してその「自己同一」的側面を表示しているのが「平常底」である（阿部正雄・上田閑照等）。逆対応と平常底は一対の概念として理解されなければならない。西田は逆対応という言葉を用いる際、逆対応的に「接する」とか「触れる」とか「応ずる」とかいった表現をしているが、この「接する」とか「触れる」とか「応ずる」とかいう言葉の内に、「自己同一」という意味が込められているように思われる。同様に、西田は平常底という言葉を用いる際、きまって「終末論的平常底」とか、「終末論的なる処、即ち平常底」とかいういい方をしている。

「終末論的平常底」というのはキリスト教と禅仏教の用語を混合した、いかにも奇妙な言葉であるが、ここで終末論というのは、歴史の始まりと終わりがこの絶対現在において同時存在的であるということを表示しているので、そこに「絶対矛盾的」という意味が込められているように思われる。

いずれにしても西田の絶対矛盾的自己同一の論理は、最晩年の「場所的論理と宗教的世界観」において、新たな局面が開かれ新たな立場へと展開したというよりも、それが「絶対矛盾的」という要素と「自己同一」という要素に分節され、前者は「逆対応」として、また後者は「平常底」として、それぞれ明確にされ具体化されたといえるだろう。とかく絶対矛盾的自己同一の概念は公式的・抽象的に過ぎ、その具体的内容を欠いているという批判があったが(高山岩男)、それに応えるべく新たに逆対応と平常底という具体的内容があたえられたといってもいいかもしれない。

3　逆対応と平常底との関係

話は前後したが、では平常底とはいったい何であろうか。絶対矛盾的自己同一の論理の「絶対矛盾的」という側面を強調したのが「逆対応」であるとすれば、その「自己同一」という側面を強調したのが「平常底」である。逆対応が絶対と相対との間の宗教的関係をあらわしているのに対して、平常底は回心や見性に特有の宗教的立場ないし境地をあらわしている。平常底という言葉は、もともとは禅宗で用いる平常心に由来するものであろう。実際、西田は平常底を説明するのに南泉《なんせん》の「平常心是道」や臨済の「仏法無用功処、祇是平常無事、屙屎送尿、著衣喫飯、困来即臥」（仏法は用功《ゆうこう》の処なし、祇《た》だ是れ平常無事《びょうじょうぶじ》、屙屎送尿《あしそうにょう》、著衣喫飯《じゃくえきっぱん》、困《つか》れ来れば即ち臥《ふ》す）という言葉を引用している。それは平常の生活を超脱した境地をいうのではなく、むしろ日常の生活を、その底の底に突き抜けたような境地や態度をいうのである。そこに人間本来のあり方が見られ、何ものにもとらわれない自由自在な境地があると考えられる。

ではなぜ「平常心」といわずに「平常底」というのだろうか。おそらくそれは、平常心という言葉には何か固定した実体的な響きがあって、場所的に無基底的な性格を表現するのに適切ではないという理由によると思われる。平常心というと、なにか平常心という心があるかのように受け取られてしまう。実際はそうではなくて、むしろそうした境地をどこまでもその底の底に突き破っていくような働きがあるのである。平常底という言葉はこうした無限の奥行を表現するのに都合がいい（禅宗では「仏向上事《ぶっこうじょうじ》」ということをいう）。西田自身も、「自己の底に自己を限定する何物もない。主語的に本能的なものもなければ、述語的に理性的なものもない。何処までも無基底的である。故に祇是平常無事、即ち平常底と云う」(⑩三五五頁)といっている。

平常底は、歴史の始まりと終わりが現在のこの一瞬に収斂する絶対現在の自己限定として自己自身を自覚する立場である。西田はそれを「絶対現在意識」といい、「終末論的平常底」という慣用句であらわしている。それは絶対の自己否定による自己転換の立場であるが、しかもけっして日常性を離れることなく、むしろ日常的生の底に徹した立場である。それはいわば時間的な面と場所的な面、水平的な横軸と垂直的な縦軸との交差点であり、したがって最深にして最浅、最遠にして最近といわれる。

平常底は歴史的世界と宗教的世界の接点であり、もっとも具体的な世界である。それゆえに、「宗教は個人の意識上の事ではない。それは歴史的生命の自覚に他ならない」(⑩三五九頁)といわれ、「歴史的世界は、その根柢に於て、宗教的であり、又形而上学的である」(⑩三六〇頁)といわれるのである。絶対現在の自己限定の世界が歴史的形成の世界であり、同時に宗教的救済の世界なのである。そしてわれわれはそうした世界の創造的要素として、一瞬一瞬に逆対応的に神や仏と接しており、終末論的平常底的に世界の射影点となるのである。西田は彼の「場所的論理と宗教的世界観」を、「国家は、此土に於て浄土を映すものでなければならら」ないという言葉で結んでいる。

4　宗教的自覚の論理としての西田哲学

宗教は学問道徳の根本である。この考えは『善の研究』以来、西田哲学に一貫している。宗教は、一般にそう思われているように、歴史的現実界とはまったく無縁の世界であるのではない。むしろ現実の歴史的世界はその根底において宗教的構造を有しているのである。歴史的世界は絶対者すなわち絶対無の自覚的限定として成立しているのであり、現象世界にあるものはすべて絶対無の自己表現なのである。絶対現在の一瞬一瞬の自己限定がすなわち現実の世界である。したがって、そこには、内在的なものが超越的であり、超越的なものが内在的であるという絶対矛盾的自己同一的関係がなければならない。それゆえ「宗教を否定することは、世界が自己自身を失うことであり、逆に人間が人間自身を失うことである」(⑩三六三頁)とさえ西田はいっている。

けれども、その場合、再々述べたように、絶対者は超越者として、われわれの外に超越するものであってはならない。反対に、どこまでもわれわれの内に超越するものでなければならない。つまり内在的超越者でなければならない。この内在的超越者こそ新しい文化への道なのである。将来の宗教は超越的内在の方向よりも、内在的超越の方向に考えられなければならない、と西田はいう。そして、こうした確信から、西田はドーソンなどが提唱する中世的なものへの復帰を時代錯誤として批判し、むしろ「新しいキリスト教的世界は、内在的超越のキリストによって開かれるかもしれない」(⑩三六五頁)という見通しを述べている。また、こうした内在的超越主義にこそ、仏教の側から新しい時代に寄与するものがあると説いている。

西田の遺稿「場所的論理と宗教的世界観」は太平洋戦争末期という時代的要素が強いことは誰しもみとめるところだろう。また田辺元の『私観 教行信証の哲学』、鈴木大拙の『日本的霊性』、務台理作の『場所の論理学』等から少なからず刺激を受けていることも事実であろう。しかし、西田の思想はその最晩年にいたってにわかに宗教哲学的色彩を深めたのではなく、もともと宗教哲学的だったのである。西田は近親者に対して「場所的論理と宗教的世界観」が自分の最終の世界観であり、あるいはまた自分の遺言だといっている。けれどもそれはすでに『善の研究』の純粋経験の思想において萌芽的に述べられたものであって、けっして新しいものではない。その思想の核心は終始一貫している。それが半世紀にもわたる永い思索を経、また社会や時代の変化に応じて、ついに逆対応の論理として結実したというべきだろう。

おわりに

これまで西田幾多郎とその哲学に関する本を何冊か書いたが、西田哲学の全般を俯瞰するような本を書く機会はなかった。つねづね西田哲学の全体像についての解説書を一般向きに書きたいと思っていたが、ここにようやく念願が叶って安堵している。

西田幾多郎の思想は長年の思索過程において大きく変化していったが、そこには一貫して変わらない要素がある。おそらくそれが西田の根本思想なのだろう。そうした彼独特のものの見方や考え方の基本をつかむと、とかく難解だといわれる西田哲学が意外と理解しやすくなるのではなかろうか。

西田は「読書」と題するエッセイのなかで、アリストテレスを例にして、「偉大な思想家には必ず骨という様なものがあ」り、その骨をつかむと「そう何処までも委しく読まなくとも、こういう問題は彼からは斯くも考えるであろうという如きことが予想せられる様になると思う」と書いているが、それはそっくりそのまま西田の思想についてもいえるだろう。

筆者は以前に、地球環境の問題について一冊の本を書いたが、そのとき西田ならば今日の地球環境問題についてどういう風に発言するだろうかと考え、その最終章で「西田哲学と環境倫理の問題」という一文を草したことがあったが、思いのほかスムーズに筆を運ぶことができたことを記憶している。

西田哲学はプラトン以来の西洋に伝統的な実在観を根底から覆したものとして不朽の功績がある、と私は思う。それは、いわば有の形而上学に対する無の形而上学、あるいは自然の形而上学に対する心の形而上学ともいうべきものの提唱である。そうした考えは潜在的に老荘思想や仏教思想の根底にもあるものであるから、この意味で、西田哲学は東洋的な実在観を継承するものであるともいえるだろう。西田はそれを一つの明確な論理として提示したのである。そのことをわれわれは誇りにしていいと思う。またそれだけの評価に値するものであると信ずる。そういう意味でも、本書が江湖の読者に迎えられることを願っている。

出版に関しては、鈴木康之氏に大変お世話になった。氏の忍耐強い慫慂と献身的な尽力に心から感謝の意を表したい。

令和四年早春

小坂国継

人名索引

「はじめに」「序論」，第 1-6 章から人名を
立項し，頁を示した．

小坂国継
1943年，中国張家口生まれ．

1971年，早稲田大学大学院文学研究科博士課程単位取得満期退学．

博士(文学・早稲田大学)．

日本大学名誉教授．『新版 西田幾多郎全集』(全24巻，岩波書店)編集委員．

専攻－宗教哲学・近代日本哲学．

著書－『西田哲学の研究』『西田幾多郎をめぐる哲学者群像』『東洋的な生きかた――無為自然の道』(以上，ミネルヴァ書房)，『西田哲学と宗教』(大東出版社)，『西田幾多郎の思想』『善の研究 全注釈』(以上，講談社学術文庫)，『西田哲学の基層――宗教的自覚の論理』(岩波現代文庫)，『明治哲学の研究――西周と大西祝』(岩波書店)ほか

西田幾多郎の哲学
――物の真実に行く道
岩波新書(新赤版)1929

2022年5月20日　第1刷発行

著　者　小坂国継《こさかくにつぐ》

発行者　坂本政謙

発行所　株式会社 岩波書店
〒101-8002 東京都千代田区一ツ橋2-5-5
案内 03-5210-4000　営業部 03-5210-4111
https://www.iwanami.co.jp/

新書編集部 03-5210-4054
https://www.iwanami.co.jp/sin/

印刷製本・法令印刷　カバー・半七印刷

ISBN 978-4-00-431929-0　Printed in Japan

岩波新書新赤版一〇〇〇点に際して

ひとつの時代が終わったと言われて久しい。だが、その先にいかなる時代を展望するのか、私たちはその輪郭すら描きえていない。二〇世紀から持ち越した課題の多くは、未だ解決の緒を見つけることのできないままであり、二一世紀が新たに招きよせた問題も少なくない。グローバル資本主義の浸透、憎悪の連鎖、暴力の応酬――世界は混沌として深い不安の只中にある。

現代社会においては変化が常態となり、速さと新しさに絶対的な価値が与えられた。消費社会の深化と情報技術の革命は、種々の境界を無くし、人々の生活やコミュニケーションの様式を根底から変容させてきた。ライフスタイルは多様化し、一面では個人の生き方をそれぞれが選びとる時代が始まっている。同時に、新たな格差が生まれ、様々な次元での亀裂や分断が深まっている。社会や歴史に対する意識が揺らぎ、普遍的な理念に対する根本的な懐疑や、現実を変えることへの無力感がひそかに根を張りつつある。そして生きることに誰もが困難を覚える時代が到来している。

しかし、日常生活のそれぞれの場で、自由と民主主義を獲得し実践することを通じて、私たち自身がそうした閉塞を乗り超え、希望の時代の幕開けを告げてゆくことは不可能ではあるまい。そのために、いま求められていること――それは、個と個の間で開かれた対話を積み重ねながら、人間らしく生きることの条件について一人ひとりが粘り強く思考することではないか。その営みの糧となるものが、教養に外ならないと私たちは考える。歴史とは何か、よく生きるとはいかなることか、世界そして人間はどこへ向かうべきなのか――こうした根源的な問いとの格闘が、文化と知の厚みを作り出し、個人と社会を支える基盤としての教養となった。まさにそのような教養への道案内こそ、岩波新書が創刊以来、追求してきたことである。

岩波新書は、日中戦争下の一九三八年一一月に赤版として創刊された。創刊の辞は、道義の精神に則らない日本の行動を憂慮し、批判的精神と良心的行動の欠如を戒めつつ、現代人の現代的教養を刊行の目的とする、と謳っている。以後、青版、黄版、新赤版と装いを改めながら、合計二五〇〇点余りを世に問うてきた。そして、いままた新赤版が一〇〇〇点を迎えたのを機に、人間の理性と良心への信頼を再確認し、それに裏打ちされた文化を培っていく決意を込めて、新しい装丁のもとに再出発したいと思う。一冊一冊から吹き出す新風が一人でも多くの読者の許に届くこと、そして希望ある時代への想像力を豊かにかき立てることを切に願う。

（二〇〇六年四月）

岩波新書より

エピクテートス	鹿野治助
北米体験再考	鶴見俊輔
孟子	金谷治
知者たちの言葉	斎藤忍随
現代日本の思想◆	久野収 鶴見俊輔
日本の思想	丸山真男
権威と権力	なだいなだ
時間	滝浦静雄
朱子学と陽明学	島田虔次
デカルト	野田又夫
パスカル	野田又夫
プラトン	斎藤忍随
ソクラテス	田中美知太郎
古典への案内	田中美知太郎
現代論理学入門	沢田允茂
現象学	木田元
実存主義◆	松浪信三郎
日本文化の問題◆	西田幾多郎
哲学入門	三木清

宗教

岩波新書/最新刊から

1917 **世界史の考え方**
シリーズ 歴史総合を学ぶ①
小川幸司・成田龍一 編
世界史の歴史家たちと近現代史の名著を紐解き、近現代史の歴史像を考える歴史対話を試みる。高校の新科目が現代の教養に代わる。

1920 **タリバン台頭**
―混迷のアフガニスタン現代史―
青木健太 著
なぜ「テロとの戦い」の「敵」だったタリバンによる政権掌握が支持されたのか。タリバンは変わったのか。現代世界の矛盾を解く。

1921 **ドキュメント〈アメリカ世《ゆー》〉の沖縄**
宮城修 著
施政権返還から五〇年。「沖縄戦後新聞」をもとに、日米琉の視点と三人の政治家の歩みを重ねてたどる、〝もう一つの現代史〟。

1922 **人新世の科学**
―ニュー・エコロジーがひらく地平―
オズワルド・シュミッツ 著
日浦勉 訳
社会経済のレジリエンスを高めるには、人間と自然を一体として捉えなければならない。自然の思慮深い管財人となるための必読書。

1923 **検察審査会**
―日本の刑事司法を変えるか―
デイビッド・T・ジョンソン・平山真理・福来寛 著
強制起訴の権限を持ち、プロの検察官の決定をチェックする任務を負った市民による検察審査会の影響を分析する体系的な入門書。

1924 **これからの住まい**
―ハウジング・スモールネスの時代へ―
川崎直宏 著
現在の住宅政策は時代の変化に追いついていないのではないか。住宅事情と住宅政策の変遷を概括し、直面する緊急課題を提示する。

1925 **学問と政治**
学術会議任命拒否問題とは何か
芦名定道・宇野重規・岡田正則・小沢隆一・加藤陽子・松宮孝明 著
この問題は現在進行形である――日本学術会議会員として推薦を受けたものの任命を拒否された六名が、その背景と本質を問う。

1926 **森と木と建築の日本史**
海野聡 著
先史時代から現代まで、建築のみならず流通・考古・民俗などの知見も駆使し、日本列島に根づいてきた「木の文化」の歩みを描く。

(2022.5)